サッポロビールの晩酌三昧!
乾杯おつまみ

乾杯をもっとおいしくする
特別なおつまみを
集めました

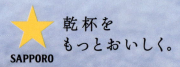

乾杯を
もっとおいしく。

サッポロビール
公式サイト

サッポロビール
公式レシピサイト

サッポロビールは、
「お酒は、お客様の楽しく豊かな生活を、
より楽しく豊かにできる」と信じています。
そして、おかずにもおつまみにも合う、
毎日の食卓の乾杯シーンにぴったりな商品の開発に取り組んでいます。

そんな商品と一緒に味わう、おつまみにぴったりなレシピをご紹介します。
今回掲載したおつまみは、
サッポロビールの公式サイトで人気の高いレシピを厳選。
加えて、新たに考案した"すぐできるおつまみレシピ"とご当地グルメを収録、
サッポロビールが本気になって考えた珠玉の100品を紹介しています。
簡単に作れるうえ、毎日の晩酌を
より一層楽しませてくれる極うまなレシピが満載です。
家族や友人と過ごすひとときをさらに豊かに彩る一冊となること間違いなし！

サッポロ生ビール黒ラベルのブランド担当者や日本ビール検定1級保持者、
ワインソムリエの資格保持者など、サッポロビール社員の
スペシャリストによるおすすめレシピへのコメントも掲載
していますので、ぜひ参考にしてください。
サッポロビールが提案するおつまみレシピで、
心地よい時間をお楽しみください。

乾杯！

お酒に合う！
おつまみレシピ

お酒におつまみは欠かせない存在。
本書では乾杯のお酒に合わせておつまみを選べるよう、
それぞれのお酒にぴったりなおつまみレシピを厳選しています。

1 ビールテイストに合う

ビールの爽やかな苦味と調和するレシピを紹介しています。塩気のあるもの、脂っこいもの、酸味のあるものが特に相性がよく、ビールの風味を引き立てます。本書ではとにかくすぐ乾杯したい！ というときに作りたい簡単レシピや、から揚げやポテトサラダといった定番おつまみも掲載しています。もちろんビールによく合います。

サッポロ生ビール　ヱビスビール　サッポロ　　　　サッポロ
黒ラベル　　　　　　　　　　　SORACHI 1984　 GOLD STAR

おすすめのお酒がすぐわかる！

ビール　　黒ビール　チューハイ・　赤ワイン　白ワイン　スパークリング　ロゼワイン
テイスト　　　　　　サワー　　　　　　　　　　　　　ワイン

※掲載中の商品パッケージは2024年8月時点のものです
※「サッポロ GOLD STAR」は発泡酒②の商品です

2 チューハイ・サワーに合う

チューハイやサワーのようなサッパリとした酸味や甘みのあるお酒を引き立てるおつまみを掲載しています。「豆腐のジョン」(写真上、レシピはP45)や「えびチリ」(写真下、レシピはP54)のような少しピリッとした辛味のあるおつまみがよく合います。

サッポロ
濃いめのレモンサワー

サッポロ
男梅サワー

サッポロ
濃い搾りレモンサワー
ノンアルコール

3 ワインに合う

ワインの風味を引き立てるようなレシピを厳選しました。赤ワインには、チーズやハム、グリルした肉などの濃厚で風味豊かなものが合います。白ワインには、魚介類やフレッシュなサラダ、軽めのチーズが相性抜群です。

～おすすめのブランド～

グランポレール　　[イエローテイル]　　パラ・ヒメネス

焼酎

ウイスキー

スピリッツ＆
リキュール

すべてのレシピで料理に合うお酒をアイコンにして表しています。料理に合ったお酒を選ぶことで、どちらもおいしさを引き立ててくれます。

サッポロビール
ブランド商品カテゴリ一覧

乾杯まで **5分** すぐ

火を使わないで簡単！

ビールテイスト　赤ワイン

モッツァレラチーズの冷奴風

《材料／2人分》

モッツァレラチーズ … 2個（200g）
小ねぎ（小口切り）… 1本分
しょうゆ … 適量
削り節 … 少々

《作り方》

器にモッツァレラチーズを盛り、小ねぎをのせてしょうゆをかけ、削り節をのせる。

サッポロ生ビール黒ラベル担当　黒柳さんのおすすめ

乾杯が待ちきれない時にぜひ！サッパリ食べられるので食事前ちょっとだけつまみたい時にピッタリ！

1人分 273kcal ／ 糖質4.5g

できおつまみ

たたききゅうりの もずくあえ

白ワイン　焼酎

《材料／2人分》

きゅうり … 2本
もずく（味つき）… 2パック（120g）
練りわさび … 適量

《作り方》

ポリ袋にきゅうりを入れてめん棒などでたたき、食べやすい大きさに割る。器に盛り、もずくを汁ごとかけて練りわさびをのせる。

1人分 33kcal / 糖質6.3g

ソムリエエクセレンス 山本さんのおすすめ

シャキシャキとした食感の爽やかなおつまみには、清々しい「ソーヴィニヨン・ブラン」の白ワインがおすすめ！

缶詰で簡単！

ツナと切り干し大根のマヨあえ

《 材料／2人分 》

切り干し大根(乾燥) … 10g
ツナ缶(油漬け) … 1缶(70g)
A [マヨネーズ … 大さじ1
　　しょうゆ … 少々]

《 作り方 》

切り干し大根はサッと洗って水に3分ほどつけてしっかり戻し、水気を絞って食べやすく切ってボウルに入れる。油をきったツナを加え、**A** も加えてあえる。

1人分 137kcal / 糖質 2.6g

チューハイ・サワー

長いもと焼き鳥のチーズ焼き

ビールテイスト

《 材料／2人分 》

長いも … 100g
焼き鳥(缶詰／たれ味) … 1缶(75g)
ピザ用チーズ … 20g

《 作り方 》

ポリ袋に皮をむいた長いもを入れ、めん棒などでたたいて粗くつぶす。耐熱皿にのせ、焼き鳥を缶汁ごとのせ、チーズものせてオーブントースター(1000W)で3分ほど焼く。

1人分 132kcal / 糖質 9.2g

> レシピサイト担当 杉浦さんのおすすめ
> 簡単なのにメイン級！　チーズはお好きなだけどうぞ♪

さばのみそ煮の白あえ

1人分 169kcal / 糖質3.4g

《材料／2人分》

さばのみそ煮（缶詰）
　… 1缶（180g）
木綿豆腐 … 100g
青じそ（小さくちぎる）
　… 5枚分
白すりごま … 大さじ2
粉山椒（あれば）… 少々

《作り方》

豆腐はペーパータオルで包んで粗くつぶし、ボウルに入れる。さばのみそ煮は缶汁を少しきり、粗くくずして加える。青じそ、白すりごまも加えてあえる。器に盛り、粉山椒をふる。

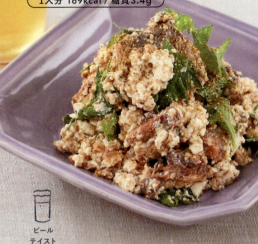

ビールテイスト

さばみその
ホイコーロー風

チューハイ・サワー

《材料／2人分》

さばのみそ煮（缶詰）… 1缶（180g）
キャベツ（2cm四方に切る）… 150g
ごま油 … 大さじ1
おろしにんにく（チューブ）・
　豆板醤 … 各少々

《作り方》

フライパンにごま油を中火で熱し、キャベツを2分ほど炒める。にんにく、豆板醤を加えてサッと炒め合わせ、さばのみそ煮を缶汁ごと加えて粗くほぐしながら1分ほど炒める。

1人分 268kcal / 糖質8.6g

濃いめのレモンサワー担当　宮寿さんのおすすめ

コク深いさばみそとパンチのある「濃いめのレモンサワー」！ 抜群に合う！

サッポロビールゆかりの土地にリスペクト！

PLACE 北海道

北海道開拓使時代初期の1876年、「開拓使麦酒醸造所」が造られ、サッポロビールが誕生しました。開拓使のマーク「北極星」が、サッポロビールのシンボルとなったのです。

レンジとうもろこしのみそ焼き

ビールテイスト

《材料／2人分》

とうもろこし
　…1本
みそ…大さじ1
サラダ油
　…大さじ1/2

《作り方》

1 とうもろこしは皮をむいて長さを3等分に切り、縦に4つ割りにする。耐熱皿にのせてラップをふんわりとかけ、電子レンジで3分加熱する。

2 とうもろこしにみそを塗る。フライパンにサラダ油を中火で熱し、焼き目がつくまで焼く。

サッポロ クラシック担当
荒木さんのおすすめ

みその香ばしさでとうもろこしの素材本来の甘み・うまみが引き立ち、北海道素材にこだわったサッポロクラシックとの相性抜群！

1人分 124kcal／糖質13.6g

10 「サッポロ クラシック」は、北海道限定のビールです。

> **PLACE**
> # 新潟
> 新潟県は、「開拓使麦酒醸造所」の主任技師・中川清兵衛氏や、その後継の醸造所を受け継いだ大倉喜八郎氏など、ビール産業黎明期に活躍した方々を輩出した土地です。

枝豆の ペペロンチーノ炒め

ビールテイスト

《 材料／2人分 》

枝豆(さやつき)
　…100g
おろしにんにく
　(チューブ)…少々
赤唐辛子(半分に折って
　種を取る)…1本分
オリーブ油・水
　…各大さじ2
塩…小さじ1/4

《 作り方 》

フライパンに枝豆、オリーブ油、水を入れ、ふたをして中火にかける。ときどき上下を返して3分ほど蒸し焼きにする。にんにく、赤唐辛子を加え、サッと炒めて塩をふる。

新潟限定ビイル
風味爽快ニシテ担当
荒木さんのおすすめ

そのままでもおいしい新潟のソウルフード枝豆のアレンジレシピ。ニンニクの香り、旨辛な味わいで箸が止まらないうまさ。「新潟限定ビイル風味爽快ニシテ」との相性が抜群なのはいうまでもありません！

1人分 128kcal / 糖質 1.2g

「新潟限定ビイル　風味爽快ニシテ」は、新潟県限定のビールです。

PLACE
静岡

静岡県は、1980年からビール工場のある土地。おいしい水を生かしてビールを生産しています。また、研究・開発の中枢部門が集結し、新商品誕生の要でもあります。

黒はんぺんの
フライ風

ビールテイスト

《 材料／2人分 》

黒はんぺん … 2枚
マヨネーズ … 適量
A[パン粉 … 大さじ2
　 マヨネーズ … 大さじ1]

《 作り方 》

黒はんぺんは食べやすい大きさに切る。マヨネーズを薄く塗り、Aを混ぜて上にのせる。オーブントースター（1000W）の天板にのせ、焼き目がつくまで3分ほど焼く。

静岡麦酒担当
荒木さんのおすすめ

黒はんぺんを食べたなら、一緒に飲むのは「静岡麦酒」一択！

1人分 132kcal／糖質6.4g

「静岡麦酒」は、静岡県限定のビールです。

PLACE 山梨

山梨県は、日本ワインの発祥地。サッポロビールでも、日本の気候に適した栽培方法で作られる日本各地のぶどうで、多くのワインを造っています。

揚げほうとう

赤ワイン

《 材料／2人分 》

生ほうとう（市販品）
　… 1/2袋（100g）
サラダ油 … 適量
赤じそふりかけ・塩 … 各少々

《 作り方 》

ほうとうは長さ4cmに切る。小さめのフライパンにサラダ油を高さ2cmくらいまで入れ、ほうとうを加えて中火にかける。上下を返しながら、3〜4分揚げ、取り出して油をきる。赤じそをふりかける。

グランポレール担当 吉村さんのおすすめ

渋みがやわらかく軽快な飲み口の「絢」。揚げほうとうと合わせればスナック感覚でついつい手が止まらない組み合わせに！　ディップする調味料で味変してお好みのペアリングを探してみるのもおすすめ！

1人分 114kcal / 糖質10.2g

「エスプリ ドヴァン ジャポネ 絢-AYA-」は、マスカットベーリーA主体のワインです。

CONTENTS

Introduction ········· 2

乾杯まで5分 すぐできおつまみ

モッツァレラチーズの冷奴風 ········· 6
たたききゅうりのもずくあえ ········· 7
ツナと切干大根のマヨあえ ········· 8
長いもと焼き鳥のチーズ焼き ········· 8
さばのみそ煮の白あえ ········· 9
さばみそのホイコーロー風 ········· 9
レンジとうもろこしのみそ焼き ········· 10
枝豆のペペロンチーノ炒め ········· 11
黒はんぺんのフライ風 ········· 12
揚げほうとう ········· 13

人気おつまみ トップ10

鮭のポテトサラダ ········· 18
なすの田楽 ········· 19
鶏もも肉と鶏むね肉のミックスから揚げ ········· 20
ソーセージと長いもの粒マスタード焼き ········· 22
ほうれん草の白あえ ········· 23
スタミナ満点麻婆キムチ春雨 ········· 24
わかさぎのエスカベッシュ ········· 26
豚肉と大根のみそ味きんぴら ········· 28
肉じゃが ········· 29
れんこんと手羽中のソース煮 ········· 30

居酒屋系 おつまみ

切り干し大根の炒め煮 ········· 32
いかにんじん ········· 33
あじの干物ときゅうりの紫おろしあえ ········· 34
ほたるいかとたけのこ、わかめの卵とじ ········· 35
なすの韓国風薬味じょうゆあえ ········· 36
まぐろの漬け 長いも＆しば漬けのせ ········· 37
焼きしめさばとれんこんのきのこあえ ········· 38
おからのカラフルサラダ ········· 39
たこと生らっきょうのぬた ········· 40
辛子れんこん ········· 40
トマトのオイスターあんかけ ········· 42
豆苗炒め ········· 42
白菜のおかかしょうゆあえ ········· 44
豆腐のジョン ········· 45
こんがり揚げ卵の玉ねぎだれ ········· 46
長いものスパイス炒め ········· 47
ナッツ入りキャラメル田作り ········· 48
餅と桜えびナッツのゆずこしょうがらめ ········· 48
帆立と青じその水餃子 ········· 49
ウンパイロウ風豚しゃぶサラダ ········· 50
里いものごまみそ煮 ········· 52
いわしの梅煮 ········· 52
えびチリ ········· 54
鮭の竜田揚げ ········· 56
焼き大根とスペアリブの煮込み ········· 57
チキンスペアリブのチーズタッカルビ ········· 58
鶏大根 ········· 59
たらの甘酢あん ········· 60
にんにくの芽と砂肝のオイスターソース炒め ········· 61
彩り野菜のホイコーロー ········· 62
とん平焼き ········· 64
きゅうりと豚肉の梅炒め ········· 66
ゴーヤとなす、牛肉のみそ炒め ········· 67
チンゲン菜とえびのピリ辛炒め ········· 68
高菜のチャンプルー ········· 70
みょうがの肉巻梅照り焼き ········· 71
あさりと夏野菜のキムチレンジ蒸し ········· 72

バル系・洋風おつまみ

3色ピーマンのトマト煮 ………… 74
たことカマンベールのアヒージョ …… 76
ズッキーニのガーリックチーズ焼き
　………………………………… 77
さばのスパイシー揚げボール ……… 78
エメラルドサラダ ………………… 80
キャベツとしらすのレモンサラダ …… 81
キャロットラペ …………………… 82
キャベツのコールスロー …………… 83
かぼちゃとゴルゴンゾーラの
　トースター焼き ………………… 84
フルーツ＆ナッツチーズボール …… 85
鶏ハムのごちそうサラダ …………… 86
パイナップルと帆立の
　ピリ辛ミントマリネ ……………… 88
さんまのガーリックオイル煮 ……… 89
サーモンとりんごの
　カルパッチョアボカドソース …… 90
鯛と帆立のセビーチェ ……………… 90
パンプキンオムレツ ……………… 92
かきとねぎのレモン蒸し …………… 93
豚肉とあさりの蒸し焼き …………… 94
ラムチョップのカツレツ フムス＆
　パセリソース …………………… 96
牛肉のタリアータ ………………… 98
オープンパイのシーザーサラダ …… 99
黒こしょう風味のチーズパイ ……… 100
ほうれん草のオーブン焼き ………… 101
かぼちゃときのこの
　クリームチーズグラタン ………… 102

エスニック系おつまみ

えびと春雨の煮込み ……………… 104
タイ風ピリ辛さつま揚げ …………… 105
ベトナム風お好み焼きバインセオ …… 106
豚肉のピーナッツバター串焼き …… 108
焼き餅とひき肉のタイ風サラダ …… 109
豆腐としじみのエスニック煮 ……… 110
揚げなすとワンタンの
　エスニックサラダ ……………… 111
蒸し鶏ときゅうりのエスニックサラダ
　………………………………… 112

おつまみになる鍋！

きりたんぽ鍋 ……………………… 114
とろとろ白菜とシャキシャキ白菜の
　中国風鍋 ………………………… 115
餃子の皮入り鶏肉ときのこの鍋 …… 116
スペアリブとじゃがいもの
　ピリ辛みそ鍋 …………………… 117
プデチゲ …………………………… 118

やっぱり食べたいごはんもの

ボリューム満点カラフルおにぎり … 120
　しらすと揚げ玉のカレー風味
　牛肉とチーズのみそそぼろ
　鮭と明太子のそぼろ
深川めし …………………………… 122
冷や汁 ……………………………… 123
鶏肉のガパオライス ……………… 124
まいたけとえのきの牛肉カレー …… 125
スキレットビビンバ ……………… 126

本書の見方

料理に合うお酒が一目でわかるアイコン

1人分(もしくは1個分)のエネルギー量と糖質量の数値

おいしく作る調理のコツ・ポイント

サッポロビール社員のおすすめコメント

本書のルール

- 材料に記した分量は、小さじ1＝5ml、大さじ1＝15ml、1カップ＝200ml、1合＝180mlです。
- 電子レンジの加熱時間は、600Wのものを基準にした目安です。500Wなら1.2倍、700Wなら0.9倍の時間で加減してください。
- オーブン、オーブントースターの温度や加熱時間は目安です。機種によって多少違いがありますので、様子を見ながら調節してください。
- 野菜やきのこは、特に記載がない場合、皮をむく、ヘタをとる、石づきをとる、洗うなどの下処理を行ってください。
- はちみつを使う料理は、1歳未満の乳児に与えないでください。

人気おつまみトップ10

何度でもくりかえし食べたくなる、あの味この味！
覚えておきたい定番料理のおいしい作り方をご紹介します。

#1

鮭のポテトサラダ

ビールテイスト

《 材料 / 2人分 》

じゃがいも
　… 2個（200〜250g）
鮭フレーク … 大さじ2
小ねぎ（小口切り）… 2本分
A ┌ 酢 … 大さじ1/2
　├ 塩・砂糖
　└ 　… 各小さじ1/4
マヨネーズ … 大さじ1
クリームチーズ … 20g

《 作り方 》

1 じゃがいもは、よく洗い、皮つきのまま鍋に入れ、たっぷりの水を加えてふたをし、中火でゆでる。竹串がスーッと通るくらいやわらかくなったら取り出す。

2 熱いうちに皮をむいてボウルに入れ、粗くつぶして **A** を加えて混ぜ合わせる。マヨネーズ、クリームチーズを加えてよく混ぜ、鮭フレーク、小ねぎを加えてあえる。

サッポロ生ビール黒ラベルの開発担当であり、日本ビール検定1級をもつ小泉さんおすすめ

じゃがいもは食感が残るくらい粗くつぶすのがポイント。クリームチーズのコク深い味わいが黒ラベルにピッタリ！

手軽な食材で大人のポテサラに！

1人分 157kcal / 糖質8.7g

油で焼いたなすとみそは相性抜群！

#2

人気のおつまみ

1人分 261kcal / 糖質 12.9g

なすの田楽

ビールテイスト

焼酎

《 材料 /2人分 》

なす … 2個
しし唐辛子 … 4本
田楽みそ
　みそ … 大さじ2
　砂糖・水
　　… 各大さじ1
　みりん … 小さじ2
サラダ油 … 大さじ2

《 作り方 》

1. 田楽みそを作る。小鍋に田楽みその材料を入れてよく混ぜ合わせ、中火にかける。ふつふつしてきたら弱火にし、木べらで混ぜながらペースト状になるまでよく練る。

2. なすはヘタを残したまま縦半分に切り、皮の内側に沿ってぐるりと切り込みを入れる。皮側には浅く格子状の切り込み（隠し包丁）を数本入れる。しし唐辛子は包丁の刃先で刺して1本切り込みを入れる。

3. フライパンになすを並べてサラダ油をかけ、全体にからめる。中火にかけ、焼き色がつくまで両面をじっくり焼く。最後にしし唐辛子を加えてサッと焼く。なすを器に盛って **1** の田楽みそを塗り、しし唐辛子を添える。

> 食感の違う、
> 2種のから揚げを
> 山盛りで!

3

1人分 326kcal / 糖質15.8g

鶏もも肉と鶏むね肉の
ミックスから揚げ

ビール
テイスト

チューハイ・
サワー

ウイスキー

《 材料／4人分 》

鶏もも肉 … 1枚(250g)
鶏むね肉 … 1枚(200g)
A ┌ 砂糖 … 小さじ1
  │ 塩 … 小さじ1/8
  │ 酒・しょうゆ … 各大さじ1
  └ 卵 … 1個
薄力粉・片栗粉 … 各大さじ4
サラダ油 … 適量
付け合わせ
レモン(くし形切り) … 2切れ

《 作り方 》

1. 鶏肉はそれぞれ一口大に切ってボウルに入れ、**A**を順に加え、1分ほどもみ込む。

2. 薄力粉、片栗粉の順に加え、さらにもみ込む。

3. フライパンにサラダ油を入れて(鶏肉が半分隠れるくらい)、油が冷たいうちに2の鶏肉を入れ中火にかける。両面がきつね色になるまで揚げていったん取り出す。油を180℃に熱し、鶏肉を戻し入れて表面がカラッとするまで揚げて油をきる。器に盛り、レモンを添える。

POINT

下味は、肉に水分が入るようにしっかりもみ込むとジューシーに揚げられます。薄力粉だけでなく、片栗粉も加えることでカリッと。

「日本ビール検定1級をもつ江熊さんおすすめ」

爽やかな後味の黒ラベルと一緒なら、ボリューム満点のから揚げもあっという間に完食！

《 材料 ／2人分 》

ソーセージ … 6本
長いも … 500g
ブロッコリー … 1/2株
塩 … 小さじ1/4
オリーブ油 … 小さじ1
A [マヨネーズ・粒マスタード
　　… 各大さじ1と1/2

《 作り方 》

1 ソーセージは食べやすい大きさの斜め切りにする。長いもは皮をむき、ポリ袋に入れてめん棒などで粗くつぶし、塩を加えて軽くもむ。

2 ブロッコリーは小房に分けて耐熱皿に入れ、水大さじ1(分量外)をふってラップをふんわりかけ、電子レンジで2分加熱する。

3 別の耐熱皿にオリーブ油を塗り、ブロッコリー、ソーセージ、長いもを入れて、**A**を混ぜて上にかける。オーブントースターで10〜15分ほど、表面に焼き目がつくまで焼く。

長いもの
ホクホク感が
たまらない！

#4
ソーセージと長いもの
粒マスタード焼き

1人分 446kcal / 糖質32.1g

ビール
テイスト

黒ビール

ウイスキー

ほのかな甘みの白あえは、酒のアテにもぴったり。

ほうれん草の白あえ

1人分 136kcal / 糖質3.8g

ビールテイスト

《 材料 ／2人分 》

木綿豆腐 … 100g
ほうれん草 … 100g
にんじん … 1/4本
つきこんにゃく … 50g
塩 … 少々

A
- 白練りごま … 大さじ1と1/2
- 砂糖・酢 … 各小さじ1
- 塩 … 小さじ1/4
- しょうゆ（あれば薄口しょうゆ）… 少々

《 作り方 》

1. 豆腐はペーパータオルで包んで5分ほどおき、水気をきる。ほうれん草は根元に十字の切り込みを入れて水にさらし、パリッとしたら水気をきる。にんじんは皮をむいてせん切りにする。こんにゃくは洗って水気をきる。それぞれの具材に塩をふっておく。

2. 鍋に湯を沸かし、にんじん、こんにゃくを入れて1分ほどゆでて取り出す。同じ湯にほうれん草を入れ、1分ほどゆでて水にさらして水気を絞り、長さを4等分に切る。

3. フードプロセッサーに豆腐とAを入れて撹拌し（またはボウルに入れて泡立て器でなめらかになるまで混ぜる）、ボウルに取り出す。にんじん、こんにゃく、ほうれん草を軽く絞って水気をきり、ボウルに加えてあえる。

半熟卵を
ふわっとのせて！

#6

1人分 372kcal / 糖質28.1g

スタミナ満点
麻婆キムチ春雨

ビールテイスト

《 材料／2人分 》

豚ひき肉 … 100g
白菜キムチ … 50g
にら … 4本
春雨（乾燥） … 50g
卵 … 2個
ごま油 … 大さじ1
豆板醬 … 小さじ1/3
にんにく・しょうが
（ともにみじん切り）
　… 各1/2かけ分
A ┌ 水 … 1と1/2カップ
　│ 酒・みりん … 各大さじ1
　│ しょうゆ … 大さじ1/2
　│ 砂糖・鶏ガラスープの素
　└ 　… 各小さじ1/2

《 作り方 》

1. にらは長さ4cmに切る。フライパンにごま油大さじ1/2を中火で熱し、ひき肉を炒める。肉の色が変わったら豆板醬、にんにく、しょうがを加えて香りが出るまで炒める。白菜キムチを加えてさらに1分ほど炒め合わせる。

2. Aを加え、沸騰したら春雨を乾燥のまま広げて加え、袋に表示してある戻し時間を目安に煮る。

3. 春雨が戻ったら全体をよく混ぜ、にらを加えてサッと煮て火を止め、器に盛る。

4. 別のフライパンにごま油大さじ1/2を中火で熱し、卵を溶きほぐして流し入れる。端が固まり始めたら木べらなどで大きく混ぜ、半熟状になったら**3**にのせる。

POINT

春雨は乾燥のまま入れて、戻しながら煮ます。こうすると、ひき肉やキムチのうまみを吸っておいしくなり、汁気もほどよい加減に。

> **サッポロ生ビール黒ラベル担当 黒柳さんのおすすめ**
> パンチがある味わいなのでビールがすすむ！ 食べ応えがありながらも罪悪感少なめなのが嬉しいポイント！

人気のおつまみ / 居酒屋系 / バル系・洋風 / エスニック系 / 鍋 / ごはんもの

味がなじんだ
翌日もおいしい！

#7

1人分 316kcal / 糖質15.0g

わかさぎのエスカベッシュ

チューハイ・サワー 白ワイン

《 材料／2〜3人分 》

わかさぎ … 200g
玉ねぎ … 1個(200g)
パプリカ(赤・黄)
　… 各1/2個
A ┌ レモン果汁・オリーブ油
　│　　… 各大さじ2
　│ 砂糖 … 大さじ1
　│ 塩 … 小さじ1/2
　└ 赤唐辛子(小口切り) … 1本分
塩 … 小さじ1/3
薄力粉 … 大さじ2
オリーブ油 … 大さじ3〜4

《 作り方 》

1 玉ねぎは薄切りにする。パプリカは縦半分に切って種を取り、横に薄切りにする。ともにバットなどに入れてAを加えて混ぜ合わせておく。

2 わかさぎは洗って水気をよく拭き、塩をふり、薄力粉をまぶす。フライパンにオリーブ油を中火で熱し、わかさぎを入れ、上下を返しながら2〜3分揚げ焼きにする。

3 2のわかさぎの油をきり、熱いうちに1に加えて混ぜ合わせ、10分以上なじませる。

POINT
わかさぎは、しっかり揚げ焼きにすれば頭から食べられます。オリーブ油で焼いて風味よく。

ソムリエエクセレンス 山本さんのおすすめ
軽快な白ワインとの相性はもちろんのこと、ほのかに樽の風味のする白ワインもわかさぎの香ばしさと◎

豚肉と大根の
みそ味きんぴら

焼酎

ウイスキー

《 材料 /2人分 》

豚バラ薄切り肉 … 150g
大根 … 7cm(約200g)
さやいんげん … 50g
ごま油 … 大さじ1
A [みそ・酒・みりん … 各大さじ1
    砂糖・しょうゆ … 各大さじ1/2]
赤唐辛子(小口切り) … 1本分

《 作り方 》

1. 豚肉は長さ4cmに切る。大根は皮つきのまま幅1cmの棒状に切る。さやいんげんは長さを半分に切る。

2. フライパンにごま油を強火で熱し、豚肉、大根、さやいんげんを入れる。ときどき混ぜながら5分ほどじっくり炒める。大根に焼き色がついてきたら A を加えて1分ほど炒め合わせ、赤唐辛子を加えてサッと混ぜる。

大根は皮つきのまま炒めて、ほどよい歯応えに!

#8

1人分 421kcal / 糖質 13.0g

いつでも食べたい＆飽きない味！

#9

人気のおつまみ

肉じゃが

1人分 382kcal / 糖質 31.7g

《 材料／2人分 》

牛切り落とし肉
　… 150g
じゃがいも … 3個（300g）
玉ねぎ … 1/2個（100g）
にんじん … 1/3本
サラダ油 … 大さじ1/2

A ┌ 昆布（3×5cm）
　│　　… 1枚
　│ 水 … 2カップ
　│ 酒 … 大さじ3
　└ 砂糖 … 大さじ1

みりん・しょうゆ
　… 各大さじ2

付け合わせ
　きぬさや
　（ゆでたもの）
　　… 適量

《 作り方 》

1. じゃがいもは皮をむいて食べやすい大きさに切り、サッと水にさらしてから水気をきる。玉ねぎは幅1cmのくし形切りにし、長さを半分に切る。にんじんは皮をむいて一口大の乱切りにする。牛肉は大きいものは食べやすい長さに切る。

2. フライパンにサラダ油を中火で熱し、**1**を入れて全体に広げ、ふたをして5分ほど蒸し焼きにする。途中、ときどき混ぜ合わせる。**A**を加えて混ぜ、再びふたをして10分ほど、ときどき混ぜながら煮る。

3. ふたを外し、みりんを加えて5分ほど煮て、最後にしょうゆを加え、ふたをせずに5分ほど煮る。火を止め、いったん冷ます。食べるときに温め直し、器に盛ってきぬさやをのせる。

POINT

最初からしょうゆを入れて煮ると、具に甘みが入りにくくなります。砂糖などで煮た後、仕上げ前にしょうゆを加えましょう。

ビールテイスト　黒ビール

ウスターソース+ケチャップで、やみつき味に！

#10 れんこんと手羽中のソース煮

1人分 348kcal / 糖質25.5g

《 材料／2人分 》

鶏手羽中 … 6本
れんこん … 300g
しし唐辛子 … 6本
しょうゆ・酒
　… 各小さじ1
サラダ油 … 大さじ1
A ┬ 水 … 1と1/2カップ
　├ 酒 … 大さじ1
　└ 砂糖・酢
　　… 各大さじ1/2
B ┬ ウスターソース
　│　… 大さじ2
　└ トマトケチャップ・
　　しょうゆ
　　… 各小さじ1
粗挽き黒こしょう
　… 少々

《 作り方 》

1 手羽中は皮を下にして置き、骨と骨の間に縦に切り込みを入れて、しょうゆ、酒をもみ込む。れんこんは皮をむいて幅1cmの半月切りにし、水にさらして水気をきる。しし唐辛子は包丁の刃先で軽く1本切り込みを入れる。

2 フライパンにサラダ油を強めの中火で熱し、手羽中の皮を下にして並べる。れんこんも重ならないよう並べ入れる。3分ほど焼いて手羽中に焼き目がついたら上下を返し、さらに1分ほど焼く。れんこんも上下を返して焼く。

3 Aを加えて全体を混ぜ合わせ、中火で8分ほど煮る。Bを加えて混ぜ、さらに5分ほど煮る。煮汁にとろみがついてきたら、しし唐辛子を加えてサッと煮る。黒こしょうをふり、ひと煮立ちしたら火を止める。

居酒屋系おつまみ

つきだしにピッタリの小鉢料理から、お腹も満たせるおかずつまみまで、何でもアリが居酒屋流。中華風や韓国風もあるので、気分に合わせてチョイスして。

ごま油の香りが食欲をそそる！

切り干し大根の炒め煮

焼酎

1人分 169kcal / 糖質 13.3g

《 材料 ／3〜4人分 》

切り干し大根（乾燥）… 50g
油揚げ … 2枚
にんじん … 1/3本
ごま油 … 大さじ1
A ┌ 酒・しょうゆ・みりん
　　　… 各大さじ2
　└ 砂糖 … 小さじ2

《 作り方 》

1. 切り干し大根はサッと洗ってボウルに入れ、水2カップ（分量外）を加えて10分ほどおく。油揚げは半分に切り、幅1cmに切る。にんじんは皮をむいて長さ4cmの短冊切りにする。切り干し大根の水気をしっかり絞る（戻し汁はとっておく）。

2. フライパンにごま油を入れて強火で熱し、切り干し大根を入れて2分ほど炒める。にんじん、油揚げも加えてサッと炒め合わせる。

3. 切り干し大根の戻し汁とAを加える。ときどき混ぜながら中火で5〜8分煮る。

POINT

切り干し大根の戻し汁にも、うまみと風味があるので残さず入れましょう。

するめのうまみで、深みのある味になります。

1人分 120kcal / 糖質12.5g

いかにんじん

ビールテイスト

焼酎

《 材料／作りやすい分量 》

干しするめいか(胴の部分)
　… 1杯分
にんじん … 3本
昆布(3×8cm) … 1枚
A［しょうゆ・酒
　　… 各1/4カップ
　みりん … 大さじ2

《 作り方 》

1 Aを鍋に入れて強火にかけ、沸騰したら弱火にして2分煮る。火を止めて冷ます。

2 するめいかと昆布はキッチンばさみで細切りにする。にんじんは皮をむき、長さ5～6cmの細切りにする。

3 ジッパー付き保存袋(ポリ袋でもOK)に**1**と**2**を入れて、軽くもんで全体をなじませる。空気を抜くようにして口を閉じ、冷蔵庫で半日以上おく。

爽やかな酸味と鮮やかな色合い！

あじの干物ときゅうりの紫おろしあえ

ビールテイスト / 焼酎

1人分 63kcal / 糖質 3.1g

《 材料 ／2人分 》

あじの干物 … 1枚
きゅうり … 1本
大根 … 150g
塩 … 少々
A ┌ 赤じそふりかけ … 小さじ1と1/2
　├ 酢 … 小さじ1
　└ 砂糖 … 少々

《 作り方 》

1. あじの干物はオーブントースター（1000W）または魚焼きグリルで10分ほどこんがりと焼き、粗熱がとれたら骨を外して身をほぐす。

2. きゅうりは端を少し切り落とし、木べらなどで軽く押しつぶして割り、食べやすい長さに切る。塩をまぶして5分おき、水気を軽く絞る。

3. 大根は皮をむいてすりおろし、軽く水気を絞ってボウルに入れ、Aを加えて混ぜ合わせる。1と2を加えてあえ、器に盛る。

「SORACHI 1984」ブリューイングデザイナー 新井さんのおすすめ

さっぱりと楽しめる料理で、爽やかな香りの「SORACHI 1984」とよく合う！

山と海の幸が一つの器に！

1人分 202kcal / 糖質8.4g

ほたるいかとたけのこ、わかめの卵とじ

 ビールテイスト 黒ビール

《 材料／2人分 》

ゆでほたるいか … 100g
たけのこ（水煮）… 100g
生わかめ（塩蔵わかめの場合は、水で戻して使う）… 40g
卵 … 3個
片栗粉 … 小さじ2
A ┌ めんつゆ（3倍濃縮）… 大さじ2
　└ 水 … 1カップ
しょうが（せん切り）… 1かけ分

《 作り方 》

1. ほたるいかに片栗粉をまぶす（気になる場合は、ほたるいかの目玉とくちばしを取る）。たけのこは薄いくし形切りにする。わかめは洗って水気をきり、食べやすい大きさに切る。

2. フライパンにAとしょうがを入れて中火にかけ、煮立ったらたけのこ、ほたるいかを加える。ときどき混ぜながら2分ほど煮る。

3. 卵を溶きほぐし、全体に回し入れる。ふつふつと煮立ってきたら火を止め、わかめをのせる。ふたをして1分余熱で火を通し、器に盛る。

1人分 218kcal / 糖質6.9g

ピリ辛味でお酒も
ごはんもすすみます。

なすの韓国風
薬味じょうゆあえ

ビールテイスト 焼酎

《 材料／2人分 》

なす … 4個
小ねぎ（小口切り）… 適量
サラダ油 … 大さじ2
薬味じょうゆ
　ねぎ … 5cm
　しょうが（せん切り）
　　… 1かけ分
　しょうゆ … 大さじ2
　ごま油 … 小さじ2
　白いりごま … 小さじ1
　一味唐辛子 … 小さじ1/4

《 作り方 》

1 なすは縞目に皮をむいて厚さ2cmの輪切りにし、サラダ油をまぶす。

2 フライパンに **1** のなすを入れて中火にかけ、ふたをして3分ほど焼いてひっくり返す。さらに3分ほど、両面に焼き色がついてやわらかくなるまで焼く。

3 薬味じょうゆを作る。ねぎを縦半分に切ってから、さらに斜め薄切りにしてボウルに入れ、残りの材料を加えて混ぜる。なすを器に盛り、薬味じょうゆをかけて小ねぎをのせる。

> 新感覚の組み合わせで後をひく味に！

まぐろの漬け 長いも&しば漬けのせ

1人分 199kcal / 糖質6.8g

ビールテイスト　焼酎

《材料／2人分》

まぐろ（刺身用さく） … 150g
長いも … 30g
しば漬け … 20g
A［しょうゆ・みりん … 大さじ1］
練り辛子・白いりごま … 各適量
ごま油 … 大さじ1〜2

《作り方》

1 鍋に湯を沸かし、まぐろを入れる。全体が白くなったらすぐにひき上げ、水にさらして水気を拭く。

2 まぐろを食べやすい大きさのそぎ切りにし、バットに並べる。Aを混ぜてかける。ラップをまぐろに密着させるようにかけて漬け汁がなじむよう10分ほどおく。

3 長いもは皮をむいてみじん切りにし、しば漬けもみじん切りにする。漬け汁を軽くきったまぐろを器に並べ、長いも、しば漬けをのせる。長いもに練り辛子をのせて白いりごまを全体に散らし、ごま油を回しかける。

焼きしめさばと
れんこんのきのこあえ

ビールテイスト

すだちの爽やかな酸味と香りが決め手!

1人分 296kcal／糖質10.8g

《 材料／2人分 》

しめさば … 半身
れんこん … 100g
生しいたけ … 2枚
えのきだけ … 1袋
すだち … 1個
ごま油 … 大さじ1
A ┌ 酢・水 … 各大さじ2
　│ 砂糖 … 小さじ1
　│ しょうゆ … 小さじ1/2
　└ 塩 … 小さじ1/4

《 作り方 》

1. フライパンにごま油を強火で熱し、しめさばの皮目を下にして30秒ほど焼く。取り出して冷蔵庫で冷ましておく。

2. れんこんは皮をむいて薄い輪切りにし、水にさらして水気をきる。生しいたけは石づきを取り、かさと軸をそれぞれ薄切りにする。えのきだけは根元を切り落とし、長さを半分に切る。耐熱皿にれんこんを並べ、しいたけ、えのきだけの順にのせる。Aを混ぜて全体に回しかけ、ラップをふんわりとかけて電子レンジで3分加熱し、そのまま冷ます。

3. すだちを薄い輪切りにし、2に加えてあえる。1のしめさばをそぎ切りにし、一緒に器に盛る。

食物繊維たっぷりの さっぱりサラダ。

おからの カラフルサラダ

ビールテイスト

1人分 198kcal / 糖質 7.5g

《 材料／2〜3人分 》

おから … 150g
きゅうり … 1/2本
パプリカ(黄) … 1/4個
ミニトマト … 3個
ハム … 3枚
A [牛乳 … 1と1/4カップ
　　コンソメスープの素
　　　(顆粒) … 小さじ1
塩 … 適宜
マヨネーズ … 大さじ2
こしょう … 少々

《 作り方 》

1. おからをフライパンに入れて中火にかけ、4〜5分空炒りする。Aを加え、1分ほど混ぜながら煮る。バットなどに広げて冷ます。

2. きゅうり、パプリカは5mm角に切ってボウルに入れ、塩少々をふって少しおく。しんなりしたら水気を軽く絞る。ミニトマトは縦4等分に切り、さらに横半分に切る。ハムは5mm四方に切る。

3. ボウルに1のおからとマヨネーズを入れて混ぜ、さらに2を加えて混ぜる。塩少々とこしょうで味をととのえる。

練り辛子入りのみそ味が
らっきょうと合います。

1人分 155kcal / 糖質 14.3g

熊本の郷土料理を、
作りやすくアレンジ！

1人分 298kcal / 糖質 33.0g

たこと生らっきょうのぬた

ビールテイスト　焼酎

《 材料／2人分 》

ゆでだこ … 150g
わけぎ … 1/2わ
生らっきょう … 50g
A ┌ 白みそ … 大さじ2
　├ 酢・砂糖 … 各大さじ1
　└ 練り辛子 … 小さじ1/2

焼酎甲類乙類混和むぎ焼酎
こいむぎ担当長島さんのおすすめ

甘みのある芳醇な味わいの「こくいも赤」にピッタリ！

《 作り方 》

1 わけぎは根を切り落とし塩少々（分量外）を入れた熱湯でサッとゆでてざるに上げる。冷めたら根元を揃えて持ち、根元から葉先に向かって手でしごいて中のぬめりを取る。

2 たこは食べやすい薄さに切る。わけぎは長さ3cmに切る。生らっきょうは根と頭の部分を切り落とし、斜め薄切りにする。

3 ボウルに**A**を入れて混ぜ合わせ、たこ、生らっきょう、わけぎを加えてよくあえる。

辛子れんこん

黒ビール　焼酎

《 材料／2～3人分 》

れんこん … 10cm（約250g）
A ┌ 薄力粉 … 1/2カップ
　└ 水 … 1/3カップ
B ┌ みそ … 50g
　├ パン粉 … 30g
　├ 水 … 大さじ2
　└ 練り辛子 … 小さじ2
揚げ油 … 適量

《 作り方 》

1 れんこんはよく洗って皮をむき、酢少々（分量外）を入れた湯で10分ほどゆでる。取り出してペーパータオルの上に立てて冷まし、水気をきる。ボウルに**A**を混ぜてころもを作り、10分以上おく。

2 器に**B**を混ぜ合わせ、れんこんの断面を押しつけながら、穴にしっかり詰める。

3 揚げ油を170℃に熱し、れんこんに**1**のころもをからめて入れ、ときどき転がしながら10分ほど揚げる。油をきり、冷めたら食べやすい厚さの輪切りにする。

トマトだけでびっくりするほどおいしい！

1人分 192kcal / 糖質 13.7g

1人分 180kcal / 糖質 2.0g

炒め油に塩を入れておくのがコツ！

トマトのオイスターあんかけ

ビールテイスト

《 材料／2人分 》

トマト … 3個（450g）
A ┌ 水 … 1/2カップ
  │ オイスターソース
  │   … 大さじ2
  │ 酢・片栗粉
  │   … 各小さじ1
  └ 砂糖 … 小さじ1/2
サラダ油 … 大さじ2
塩 … 小さじ1/4

《 作り方 》

1 トマトは8等分のくし形切りにする。**A**を混ぜ合わせておく。

2 フライパンにサラダ油を中火で熱し、トマトを加えてサッと炒める。全体に油がなじんだら、塩をふって軽く混ぜ、器に盛る。

3 空いたフライパンをサッと拭き、**A**を入れて中火にかける。とろみがつくまで混ぜながら煮詰め、**2**のトマトにかける。

豆苗炒め

ビールテイスト　スピリッツ＆リキュール

《 材料／2人分 》

豆苗 … 2袋
赤唐辛子 … 1～2本
A ┌ にんにく（みじん切り）
  │   … 1かけ分
  │ サラダ油 … 大さじ2
  │ ごま油 … 小さじ1
  └ 塩 … 小さじ1/4
B ┌ 水 … 大さじ1/2
  │ 鶏ガラスープの素
  └   … 小さじ1/4

《 作り方 》

1 豆苗は根元を切り落とす。赤唐辛子は水に浸してやわらかくし、種を取って幅5㎜の斜め切りにする。

2 フライパンに**A**を入れて中火にかけ、香りが立つまでにんにくを炒める。

3 豆苗、赤唐辛子を加えてサッと炒め合わせ、**B**を加える。ふたをして30秒蒸し焼きにして火を止める。味をみて、足りなければ塩少々（分量外）を加える。

> オリーブ油としょうゆの組み合わせの妙！

1人分 125kcal / 糖質 4.0g

白菜の
おかかしょうゆあえ

 ビールテイスト 焼酎 ウイスキー

《 材料／2人分 》

白菜 … 200g
ねぎ … 1/2本
オリーブ油・しょうゆ
　… 各大さじ1と1/2
削り節 … 1袋(3g)

《 作り方 》

1 白菜は縦に幅5〜6cmに切り、端から幅2cmに切る。ねぎは縦半分に切り、さらに幅5mmの斜め切りにする。

2 ボウルに白菜とねぎを入れ、オリーブ油を回し入れ、全体にからめる。油がなじんだら、しょうゆ、削り節を加えてサックリとあえる。

卵のころもが
ふっくら香ばしい!

1人分 113kcal / 糖質 4.2g

豆腐のジョン

ビールテイスト

チューハイ・サワー

《 材料／4人分 》

絹ごし豆腐 … 1丁（300g）
ピリ辛ねぎだれ
　小ねぎ（小口切り）… 大さじ2
　しょうゆ … 大さじ1
　酢 … 小さじ2
　白いりごま … 小さじ1
　一味唐辛子 … 小さじ1/4
A　卵 … 1個
　　塩 … 少々
　　水 … 大さじ1
薄力粉 … 適量
サラダ油 … 大さじ1

《 作り方 》

1 豆腐はペーパータオルに包んで耐熱皿にのせ、電子レンジで3分加熱して水きりし、厚さ1cmに切る。

2 ピリ辛ねぎだれの材料を混ぜ合わせておく。

3 ボウルに **A** を混ぜ合わせる。豆腐に薄力粉を薄くまぶす。フライパンにサラダ油を中火で熱し、豆腐を **A** にからめて並べ入れ、両面に焼き色がつくまで焼く。器に盛り、ピリ辛ねぎだれをかける。

《材料／2人分》

卵 … 4個
玉ねぎだれ
   玉ねぎ（みじん切り）
     … 1/2個分（100g）
   しょうゆ・砂糖
     … 各大さじ1
   レモン果汁・酢
     … 各大さじ1/2
ごま油 … 大さじ2
香菜（長さ2cmに切る）
     … 1株
一味唐辛子 … 少々

《作り方》

1 玉ねぎだれの玉ねぎは、水に5分さらして水気をしっかり絞る。他の材料を加えて混ぜ合わせる。

2 小さめのフライパンにごま油を入れ、卵を1個割り入れる。端が固まってきたら、フライ返しで折りたたむように白身をかぶせ、好みのかたさになったら取り出す。残りの卵も同様に揚げ焼きにする（油が足りなくなったら適宜足す）。器に盛って玉ねぎだれをかけて香菜を添え、一味唐辛子をふる。

身近な材料で作れるエスニック風揚げ卵！

こんがり揚げ卵の玉ねぎだれ

ビールテイスト　チューハイ・サワー

1人分 309kcal / 糖質9.7g

カレー粉やココナッツファインで
エスニック風味に!

長いものスパイス炒め

1人分 141kcal / 糖質 15.8g

ビールテイスト　ウイスキー

《 材料／2人分 》

長いも … 200g
玉ねぎ … 1/2個(100g)
しし唐辛子 … 5本
サラダ油 … 大さじ1
しょうが(せん切り) … 2かけ分
赤唐辛子(種を取る) … 1本
A ┌ ココナッツファイン
　│　(あれば) … 大さじ3
　└ 塩・カレー粉 … 各小さじ1/2
水 … 大さじ2

《 作り方 》

1. 長いもは皮をむいて細切りにする。玉ねぎは薄切り、しし唐辛子は斜め薄切りにする。

2. フライパンにサラダ油と赤唐辛子を入れて中火にかけ、香りが出たらしょうが、玉ねぎを入れてしんなりするまで炒める。

3. 長いも、しし唐辛子を加えてサッと炒め合わせ、Aを加えて混ぜ合わせる。水を加えてふたをし、5分ほど弱火で蒸す。

ナッツ入りキャラメル田作り

ビールテイスト　焼酎

1人分 273kcal / 糖質19.8g

香ばしくて、ナッツの食感もよい田作り。

《 材料／2人分 》

ごまめ（味付きでないもの）
　… 50g
くるみ（無塩）… 30g
砂糖 … 大さじ3
A ┃ 酒・みりん・水
　　　… 各大さじ1
　┃ しょうゆ … 大さじ1/2
　┗ 塩 … ひとつまみ

《 作り方 》

1 フライパンにごまめとくるみを入れて中火にかけ、ときどき混ぜながら4～5分炒る。Aを混ぜておく。

2 1のフライパンを拭いて砂糖を広げ、中火にかける。砂糖の周りが焦げ始めたら、フライパンを揺すりながら混ぜる。あめ色になって泡立ってきたら火を止め、すぐにAを入れて混ぜ合わせ、ごまめとくるみを加えてからめる。バットにオーブン用シートを敷き、広げて冷ます。

餅と桜えびナッツのゆずこしょうがらめ

《 材料／2人分 》

切り餅 … 2個
桜えび・
　ミックスナッツ
　… 各大さじ2
A ┃ みりん
　　　… 大さじ1
　┗ ゆずこしょう
　　　… 小さじ1/4
水 … 大さじ1

爽やかピリ辛味！カリカリの食感もいい。

ビールテイスト　ウイスキー

《 作り方 》

1 餅は3等分に切り、桜えび、ミックスナッツは粗いみじん切りにする。フライパンに桜えびとナッツを入れて中火にかけ、1分ほど乾炒りする。火を止め、Aを加えて混ぜ合わせる。

2 餅を耐熱皿に並べて水をかける。ラップをふんわりとかけ、電子レンジで2分加熱する。1のフライパンに入れてからめる。

1人分 177kcal / 糖質29.8g

帆立と青じその水餃子

チューハイ・サワー　ロゼワイン

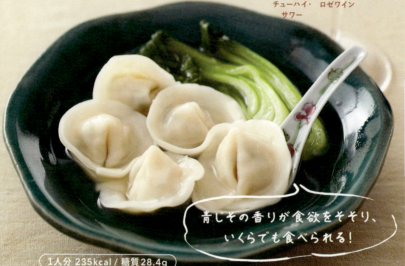

青じその香りが食欲をそそり、いくらでも食べられる!

1人分 235kcal / 糖質 28.4g

《 材料／2人分 》

餃子の皮 … 12〜16枚
帆立貝柱 … 100g
鶏むねひき肉 … 50g
玉ねぎ … 1/4個(50g)
青じそ … 5枚
A ┌ ごま油・酒 … 各小さじ1
　└ 塩 … 小さじ1/4
片栗粉 … 小さじ1
B ┌ 水 … 2カップ
　│ 酒・みりん
　│ 　… 各大さじ1/2
　│ 鶏ガラスープの素
　└ 　… 小さじ2

付け合わせ
チンゲン菜 … 1株

《 作り方 》

1. 帆立貝柱は包丁で粗いミンチ状に刻み、ボウルに入れる。ひき肉、**A**を加え、粘りが出るまでよく練る。玉ねぎはみじん切りにし、片栗粉をからめてボウルに加える。青じそを5㎜四方に切って加え、よく混ぜて12〜16等分にする。

2. 餃子の皮に **1** をのせ、端に水(分量外)を塗って半分に折りたたむ。両端を引き寄せ、水をつけてしっかり指で押さえてとめる。

3. チンゲン菜をゆでて縦4等分に切る。鍋に湯を沸かし、**2** を入れる。2〜3分ゆでて浮いてきたら引き上げる。別の小鍋に **B** を入れて火にかけ、ひと煮立ちさせてスープを作る。器に水餃子を盛り、スープを入れてチンゲン菜を添える。

四川料理の定番的な前菜、
ウンパイロウをイメージした
サラダです。

1人分 426kcal / 糖質 11.2g

ウンパイロウ風豚しゃぶサラダ

ビール
テイスト

チューハイ・
サワー

《 材料 / 2人分 》

豚バラ薄切り肉 … 200g
トマト … 2個(300g)
きゅうり … 1本
しょうが(薄切り) … 1かけ分
酒 … 大さじ2

ピリ辛ねぎだれ

ねぎ(みじん切り) … 大さじ2
にんにく(すりおろし)
　… 小さじ1/2
しょうゆ … 大さじ1
砂糖 … 小さじ2
酢 … 小さじ1/2
花椒パウダー … 小さじ1/4
ラー油 … 小さじ1

《 作り方 》

1. トマトは厚さ5mmの輪切りにする。きゅうりはピーラーで縦に薄くリボン状に切り、水にさらしてパリッとさせる。豚肉は食べやすい大きさに切る。

2. 鍋にたっぷりの水(分量外)、しょうが、酒を入れて強火にかけ、煮立ったら豚肉を入れてゆで、肉の色が変わったらざるに上げてラップをかける。

3. ピリ辛ねぎだれを作る。ボウルに材料を順に入れて混ぜ合わせる。器の縁に沿ってトマトを丸く並べる。きゅうりの水気をよくきり、半分に折りたたみながら、トマトの上に花びらのように丸く並べる。中央に豚肉を盛り、ピリ辛ねぎだれをかける。

POINT

豚肉は短時間でサッとゆで、ざるに上げ、ラップをかけて冷ます。こうすることで肉がやわらかに。

里いもの下ごしらえは
レンジで簡単に！

1人分 100kcal / 糖質15.8g

梅干しの酸味とうまみで
青魚がおいしくなる！

1人分 311kcal / 糖質25.0g

里いものごまみそ煮

ビールテイスト

焼酎

《 材料 ／2～3人分 》

里いも … 400g
白いりごま … 大さじ1
A ┌ 水 … 1と1/2カップ
　│ みそ … 大さじ1
　│ 砂糖 … 小さじ2
　└ しょうゆ … 小さじ1

《 作り方 》

1. 里いもは皮ごと洗って上下を少し切り落とし、耐熱皿に並べてラップをふんわりとかけ、電子レンジで5分加熱する。粗熱がとれたら皮をむいて一口大に切る。

2. 鍋にAを入れて中火にかけ、煮立ったら里いもを加えて落としぶたをする。弱火にし、15分ほど煮る。里いもがやわらかくなったら白いりごまを加え、サッとからめて火を止める。

いわしの梅煮

ビールテイスト

チューハイ・サワー

《 材料 ／2人分 》

いわし … 4尾
梅干し … 2個
しょうが(薄切り)
　… 2枚
A ┌ 水 … 3/4カップ
　│ 酒・みりん・
　│ 　しょうゆ
　│ 　　… 各1/4カップ
　│ 砂糖
　└ 　… 大さじ1と1/2

《 作り方 》

1. いわしは頭を切り落とし、腹に切り込みを入れ、包丁の刃先で内臓を取り出す。背骨に沿ってある血合いも包丁の先でこそげ取る(くさみが取れる)。水で腹の中をきれいに洗って、水気を拭く。

2. フライパンに梅干し、しょうが、Aを入れて強めの中火にかける。煮立ったらいわしを並べ入れ、切り込みを入れたオーブン用シートなどをのせて落としぶたにし、10分ほど煮る。

3. ときどき落としぶたを外し、煮汁を回しかける。煮汁にとろみがついてきたら火を止め、いったん冷ます。食べる前に再び火にかけて温め、器に盛る。

> **サッポロビール公式 Xの中の人おすすめ**
> 梅パワーでくさみ無し。暑い季節にさっぱりと食べたい!!

甘酸っぱくてちょっとピリ辛、
覚えておきたい定番レシピです。

1人分 359kcal / 糖質20.5g

えびチリ

 ビールテイスト チューハイ・サワー

《 材料／2人分 》

えび（大／ブラックタイガーなど）… 8尾
にんにく・しょうが
　（ともにみじん切り）
　　… 各1かけ分
ねぎ（みじん切り）… 10cm分
片栗粉 … 大さじ1
A ┌ 片栗粉 … 大さじ1と1/2
　├ 酒 … 大さじ1
　└ サラダ油 … 小さじ1
サラダ油 … 大さじ3と1/2
トマトケチャップ
　… 大さじ3
豆板醤 … 小さじ1
B ┌ 水 … 1/2カップ
　├ 酒 … 大さじ1
　├ 砂糖・片栗粉
　│　… 各大さじ1/2
　└ 鶏ガラスープの素
　　　… 小さじ1
酢 … 小さじ1/4
ごま油 … 小さじ1
香菜（あれば）… 少々

《 作り方 》

1 えびは殻をむき、竹串で背わたを取る。片栗粉をまぶしてもみ洗いし、汚れを落とす。ペーパータオルで水気を拭き、ボウルに入れて **A** をまぶす。

2 フライパンにサラダ油大さじ3を中火で熱し、えびを並べる。1分焼いて上下を返し、さらに1分焼いて取り出す。フライパンを拭き、サラダ油大さじ1/2を足す。にんにく、しょうが、ねぎを加えて香りが出るまで弱火で炒める。

3 ケチャップ、豆板醤を加えて30秒ほど炒める。**B** を混ぜて加え、ふつふつとするまで混ぜながら煮る。**2** のえびを戻し入れ1分ほど煮て、酢、ごま油を加えて手早く混ぜる。器に盛って刻んだ香菜をのせる。

POINT

えびに片栗粉をまぶしてからもみ洗いをすると、汚れがよく落ち、くさみも取れます。

片栗粉をまぶして少しおいてから揚げると、表面がカリカリに！

1人分 258kcal / 糖質 9.8g

鮭の竜田揚げ

ビールテイスト

チューハイ・サワー

《 材料／2人分 》

生鮭(切り身)…2切れ
しし唐辛子…6本
しょうゆ・みりん・酒
　…各大さじ2
片栗粉・サラダ油
　…各適量
付け合わせ
　レタス(細切り)
　　…適量
　レモン(半月切り)
　　…適量

《 作り方 》

1 しょうゆ、みりん、酒を混ぜておき、鮭を一口大に切って加え、しっかりからめる。表面にはりつけるようにラップをかけ、15分おいて味をなじませる。しし唐辛子は包丁で1本切り込みを入れる。

2 **1**の鮭の汁気を拭き、片栗粉をまぶして余分な粉を落とす。少しおいて粉をなじませる。

3 フライパンに深さ1cmくらいのサラダ油を入れて160℃に熱する。**2**の鮭を入れ、上下を返しながら濃いきつね色になるまで揚げる。しし唐辛子も素揚げする。器に盛ってレタス、レモンを添える。

焼き大根とスペアリブの煮込み

1人分 656kcal / 糖質 20.1g

骨付き肉のうまみが大根にしみこみます!

ビールテイスト　チューハイ・サワー

《 材料／2人分 》

大根 … 600g
スペアリブ … 6本(400g)
豆苗 … 1/2袋
ごま油 … 大さじ1

A
- にんにく … 2かけ
- ねぎの青い部分 … 1本分
- 水 … 2と1/2カップ
- 砂糖・しょうゆ・オイスターソース・酒 … 各大さじ1と1/2

《 作り方 》

1. 大根は皮をむいて大きめの乱切りにし、耐熱皿に並べてラップをふんわりかけ、電子レンジで10分加熱する。

2. 豆苗は根元を切り落とす。スペアリブは、骨についている薄皮に軽く切り込みを入れ、赤身と脂肪の間の筋も数カ所切る。

3. 鍋(または深さのあるフライパン)にごま油を中火で熱し、大根、スペアリブを入れて強火にし、全体に焼き目がつくまで焼く。Aを加え、落としぶたをして弱めの中火で40分ほど煮る。途中アクが出てきたら取り除き、煮汁が少なくなるようだったら水を適量(分量外)足す。最後に豆苗を入れてサッと煮る。

とろ～りチーズをつけて召し上がれ！

チキンスペアリブのチーズタッカルビ

1人分 339kcal / 糖質 11.8g

《 材料／4人分 》

鶏スペアリブ（鶏手羽中を関節で半分に切ったもの） … 300g
にんじん … 1/2本
大根 … 100g

A
- にんにく（すりおろし） … 小さじ2
- しょうが（すりおろし） … 小さじ1
- コチュジャン・酒・しょうゆ … 各大さじ2
- 砂糖 … 大さじ1

サラダ油 … 大さじ1
ピザ用チーズ … 150g
サニーレタス … 適量

《 作り方 》

1. ボウルに **A** を混ぜ合わせ、鶏スペアリブを加えてもみ込み、15分ほどおく。にんじん、大根はそれぞれ皮をむき、幅1cmの棒状に切る。

2. フライパンにサラダ油を入れて全体に広げ、**1** の鶏スペアリブの汁気をきり、皮を下にして並べる（残った汁はとっておく）。すき間ににんじん、大根も並べる。ふたをして中火にかける。

3. 10分ほど蒸し焼きにし（焦げないようときどき様子を見る）、鶏スペアリブに焼き色がついたら、**2** の残りの汁を加えて水分がほぼなくなるまで炒め合わせる。

4. チーズソースを作る。耐熱容器にピザ用チーズを入れ、ラップをしないで電子レンジで40秒ほど加熱して溶かす。器の中央にチーズソースを置き、周りに食べやすい大きさにちぎったサニーレタスを敷き、**3** をのせる。

鶏もも肉のうまみで、だしを使わなくてもおいしい煮物が作れます。

1人分 184kcal / 糖質7.4g

鶏大根

ビールテイスト　焼酎

《 材料／4人分 》

鶏もも肉
　…1枚(250g)
大根 … 400g
塩 … 小さじ1/8
サラダ油
　… 大さじ1

A ┌ しょうゆ・
　│ みりん
　│　…各大さじ2
　│ 片栗粉
　└　…小さじ1

《 作り方 》

1. 鶏肉は一口大に切って塩をまぶす。大根は皮を厚くむき、厚さ1cmのいちょう切りにする。大根の葉がある場合は長さ1cmに切り、塩少々(分量外)をまぶしておく。

2. フライパンにサラダ油を中火で熱し、鶏肉の皮を下にして並べる。脂が出るまでしっかり焼いたら上下を返す。ペーパータオルで余分な脂を拭き取り、大根を加えて炒め合わせる。

3. 水(分量外)をひたひたになるまで加え(目安は1と1/2カップ)、落としぶたをして10分ほど煮る。

4. 大根に8割くらい火が通ったら A を混ぜて加え、強火にし、ときどき混ぜながら5分ほど煮る。とろみがついたらフライパンを揺すって煮汁をからめる。器に盛り、水気を絞った大根の葉をのせる。

59

野菜たっぷり、彩りも美しいあんかけです。

たらの甘酢あん

1人分 326kcal / 糖質 15.9g

ビールテイスト

《 材料／2人分 》

生たら（切り身）… 2切れ
にんじん … 1/5本
ピーマン … 1個
玉ねぎ … 1/4個（50g）
生しいたけ … 1枚
A ┌ 酒 … 小さじ1
　└ 塩 … 小さじ1/8
片栗粉 … 適量
サラダ油 … 大さじ3
甘酢あん
　水 … 1/4カップ
　砂糖・酢 … 各大さじ1
　しょうゆ … 小さじ2
　片栗粉 … 小さじ1

《 作り方 》

1 にんじんは皮をむいてせん切り、ピーマンは細切り、玉ねぎは薄切りにする。しいたけは石づきを除いて軸とかさに切り分け、薄切りにする。たらは骨があれば取り除き、4等分に切って A をまぶし、片栗粉をつける。

2 フライパンにサラダ油大さじ2を中火で熱し、たらを並べる。両面に焼き目がつくまで焼き、いったん取り出す。

3 フライパンを拭き、サラダ油大さじ1を中火で熱し、玉ねぎ、にんじんを炒める。しんなりしたらピーマン、しいたけも加えて炒める。甘酢あんの材料を混ぜ合わせて加え、混ぜながら、とろみがつくまで1〜2分煮る。たらを戻し入れ、ひと煮立ちしたら火を止める。

食欲アップの元気おかず。

1人分 181kcal / 糖質 12.1g

にんにくの芽と砂肝の オイスターソース炒め

ビールテイスト

チューハイ・サワー

《 材料／2人分 》

にんにくの芽 … 100g
砂肝 … 150g
ねぎ … 1本
しめじ … 1袋
ごま油 … 大さじ1/2
A［ オイスターソース・酒・みりん … 各大さじ1 ］
一味唐辛子 … 適量

《 作り方 》

1. にんにくの芽は長さ5〜6cmに切る。ねぎは幅1cmの斜め切りにする。しめじは石づきを落として小房に分ける。

2. 砂肝は半分に切り分け、それぞれ厚みのある部分の中央に包丁を入れ切り開き、横に数本浅く切り込みを入れる。

3. フライパンにごま油を中火で熱し、砂肝を入れて2分ほど炒める。1を加えて強火にし、さらに2分ほど炒める。Aを加えてサッと混ぜ合わせ、全体がなじんだら器に盛って一味唐辛子をふる。

豚肉を広げてしっかり
焼き目をつけるように
焼くのがコツ！

1人分 283kcal / 糖質11.1g

彩り野菜の
ホイコーロー

 ビールテイスト   チューハイ・サワー

《 材料／2～3人分 》

豚ロース薄切り肉 … 200g
キャベツ … 3枚
たけのこ（水煮）… 100g
パプリカ（赤）… 1/2個
ねぎ … 1/2本
きぬさや … 10枚
にんにく（薄切り）… 1かけ分
サラダ油 … 大さじ1
豆板醤 … 小さじ1
A ┌ 水 … 大さじ2
　│ 甜麺醤・酒・しょうゆ
　│ 　… 各大さじ1
　│ 砂糖・片栗粉
　└ 　… 各小さじ1

《 作り方 》

1. キャベツは4cm四方に切り、芯は薄切りにする。たけのこは一口大の薄切りにし、パプリカも一口大に切る。きぬさやはへたと筋を取る。ねぎは幅1cmの斜め切りにする。豚肉は長さ4cmに切る。Aを混ぜ合わせておく。

2. 火にかける前にフライパンにサラダ油を入れ、豚肉を広げながら並べる。中火にかけて焼く。肉の端が白くなってきたら上下を返し、にんにく、ねぎを加えてサッと混ぜ、豆板醤も加えて香りを出す。

3. たけのこ、パプリカを入れ手早く炒め、キャベツも加え、しんなりするまで炒める。きぬさやを加えて、Aを混ぜながら回し入れ、全体になじむまで炒め合わせる。

POINT

豚肉を広げて焼くと、短時間で火が通り、焼き目もついておいしく仕上がります。

ヱビスブランド担当 沖井さんのおすすめ

しっかりとした塩気と、さまざまな野菜のおいしさが、「ヱビスビール」のうまみ溢れるふくよかなコクにベストマッチ。

関西地方でおなじみの
鉄板焼きメニュー。

1人分 448kcal / 糖質11.6g

とん平焼き

 ビールテイスト
 チューハイ・サワー
 スピリッツ&リキュール

《 材料／2人分 》

豚バラ薄切り肉 … 100g
キャベツ … 1〜2枚
もやし … 50g
卵 … 3個
A ┌ 片栗粉・水 … 各大さじ1/2
  └ 塩 … 少々
B ┌ 中濃ソース … 大さじ1
  │ みりん・しょうゆ・
  │ トマトケチャップ
  └ … 各小さじ1
サラダ油 … 適宜
中濃ソース・マヨネーズ・
　削り節・青のり・
　紅しょうが … 各適量

《 作り方 》

1 豚肉は長さ5cmに切る。キャベツは幅7〜8mmに切る。もやしはサッと洗って水気をきる。ボウルに卵を入れ、**A**を混ぜて加え、卵白を切るように軽く溶きほぐす。

2 フライパンにサラダ油小さじ1を中火で熱し、豚肉を炒める。肉の色が変わったらキャベツ、もやしを加えて強火で1分ほど炒める。**B**を加えて30秒ほど炒め合わせ、いったん取り出す。

3 小さめのフライパン（直径20cm）にサラダ油大さじ1/2を中火で熱し、溶き卵を混ぜてから流し入れる。菜箸で大きくふんわりと混ぜ、半熟状になったらフライパン全体に広げ、**2**を中央にのせる。

4 卵の両端を折りたたみ、折りたたんだ部分が下になるように皿に盛りつける。ソース、マヨネーズ、削り節、青のりをかけて紅しょうがを添える。

POINT
卵が半熟のうちに、炒めた豚肉と野菜をのせて包むと、ふんわりした仕上がりに。

レシピサイト担当 杉浦さんのおすすめ
レシピサイトでも大人気なおつまみ！ 私はマヨネーズと紅しょうがをたっぷりと★

とにかく簡単！
梅風味の爽やか炒め。

1人分 219kcal / 糖質9.6g

きゅうりと豚肉の梅炒め

ビールテイスト

チューハイ・サワー

《 材料／2人分 》

豚もも薄切り肉 … 150g
きゅうり … 2本
みょうが … 2個
A ┌ 片栗粉・しょうゆ・酒
　└ 　　… 各小さじ1
サラダ油 … 小さじ2
B ┌ 梅肉 … 2個分
　│ みりん … 大さじ1/2
　│ はちみつ … 小さじ1
　└ 塩 … 少々
塩 … 少々

《 作り方 》

1 きゅうりは縦半分に切り、種をスプーンで取り除き、幅5〜6mmの斜め切りにする。みょうがは縦半分に切り、さらに縦3等分に切る。豚肉は長さを半分に切り、繊維に沿って細切りにし、**A**をもみ込む。

2 フライパンにサラダ油小さじ1を中火で熱し、きゅうりを入れる。強火にして1分炒め、いったん取り出す。

3 同じフライパンにサラダ油小さじ1を入れて豚肉を入れ、強めの中火でほぐしながら炒める。みょうがを加えて30秒ほど炒め、**B**を加えて全体にからめる。**2**のきゅうりを戻し入れ、サッと混ぜ合わせ、塩を加える。

こっくりみそ味がおいしい!

1人分 277kcal / 糖質 10.9g

ゴーヤとなす、牛肉のみそ炒め

ビールテイスト

《 材料／2人分 》

牛切り落とし肉 … 150g
ゴーヤ … 1/3本
なす … 2個
にんにく(みじん切り)
　… 1かけ分
塩 … 少々
A ┌ しょうゆ・酒
　　… 各小さじ1
薄力粉 … 大さじ1/2
ごま油 … 大さじ1
B ┌ みりん … 大さじ1
　│ みそ・
　│ オイスターソース
　└ … 各大さじ1/2

《 作り方 》

1. ゴーヤは縦半分に切って種とわたをスプーンでかき出し、幅2〜3mmに切ってボウルに入れ、塩をまぶす。数分おき、サッと洗って水気をきる。なすはところどころ皮をむき、一口大の乱切りにする。牛肉は大きければ一口大に切ってボウルに入れ、**A**をからめてから薄力粉をまぶす。

2. フライパンにごま油大さじ1/2を中火で熱し、なすの皮目を下にして入れる。ふたをして、ときどき返しながら3〜4分蒸し焼きにして取り出す。

3. 同じフライパンにごま油大さじ1/2と牛肉を入れ、中火で炒める。肉の色が変わったらにんにく、ゴーヤを加える。なすを戻し入れ、**B**をよく混ぜて加え、炒め合わせる。

殻ごと焼いたえびは香ばしくて見た目もgood!

1人分 137kcal / 糖質9.9g

チンゲン菜とえびの
ピリ辛炒め

ビール
テイスト

チューハイ・
サワー

《 材料 /2人分 》

えび(大) … 6尾
チンゲン菜 … 2株
ねぎ … 1本
にんにく(みじん切り) … 1かけ分
しょうゆ・酒 … 各小さじ1
片栗粉・ごま油
　… 各大さじ1/2
豆板醬・塩 … 各小さじ1/4
みりん … 大さじ1
しょうゆ … 小さじ1

《 作り方 》

1. えびは殻つきのまま背に切り込みを入れて開き、あれば背わたを取る。ボウルに入れてしょうゆ、酒をまぶし、片栗粉をつける。

2. チンゲン菜は軸と葉に切り分け、軸は縦4等分に切る。ねぎは幅1cmの斜め切りにする。

3. フライパンにごま油を中火で熱し、強火にしてチンゲン菜の軸、ねぎを入れて1分ほど炒めて取り出す。えびの背をフライパンに押しつけるように並べ、両面に焼き目がつくまで強火で1分ほど焼く。

4. 中火にし、にんにく、豆板醬を加えて炒め、香りが出たらチンゲン菜の軸とねぎを戻し入れる。チンゲン菜の葉を加えて軽く炒め、みりん、塩で味つけをする。仕上げにしょうゆを鍋肌から回し入れ、全体になじませる。

POINT

えびの背をしっかり開いて、フライパンに並べると、形がきれいに焼け、味もよくからみます。

1人分 321kcal / 糖質3.2g

高菜漬けのうまみがきいた、大人味のチャンプルー。

高菜のチャンプルー

ビールテイスト

チューハイ・サワー

《 材料／2人分 》

豚バラ薄切り肉 … 100g
木綿豆腐 … 1/2丁（150g）
卵 … 1個
高菜漬け … 100g
もやし … 100g
サラダ油 … 小さじ1
A ┏ しょうゆ … 小さじ1
　┃ 砂糖 … 小さじ1/2
　┗ 粗挽き黒こしょう … 少々
塩 … 適量

《 作り方 》

1. 豆腐は一口大にちぎってペーパータオルで包み、耐熱の皿にのせて電子レンジで2分加熱する。高菜漬けはサッと洗って粗みじん切りにする。豚肉は一口大に切る。もやしは洗って水気をきる。卵は溶きほぐす。

2. 火にかける前にフライパンにサラダ油を入れ、豚肉を重ならないように並べる。中火にかけ、肉の色が変わってきたら上下を返し、もやしを加えて炒め合わせる。豆腐と高菜も加えて火が通るまで炒める。

3. Aを加えて混ぜ合わせ、塩で味をととのえる。具を少し端に寄せ、空いたところに溶き卵を流し入れる。少しおいて半熟になってきたら大きく混ぜ合わせる。

梅をきかせた甘辛味で
お酒がすすむ！

1人分 303kcal / 糖質 11.3g

みょうがの肉巻き梅照り焼き

ビールテイスト

《 材料 / 2人分 》

豚ロース薄切り肉 … 6枚
みょうが … 3個
片栗粉 … 大さじ1
A ┌ 酒 … 大さじ1
　│ しょうゆ・はちみつ
　│ 　　… 各大さじ1/2
　└ サラダ油 … 小さじ1
梅肉 … 1個分
付け合わせ
　│ キャベツ（せん切り）… 1枚分
　│ 青じそ（せん切り）… 2枚分

《 作り方 》

1. みょうがは縦4等分に切る。豚肉を1枚広げ、手前にみょうが2かけをのせてくるくると巻く。残りも同様にして6個作り、片栗粉をまぶす。

2. 耐熱皿に **1** を並べ、**A** を混ぜて加え、全体にからめる。

3. ラップをふんわりとかけて電子レンジで2〜3分加熱する。梅肉を加えて全体にからめる。食べやすく切って皿に盛り、付け合わせのキャベツと青じそを混ぜて添える。

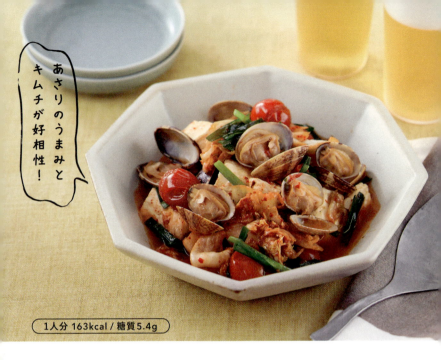

> あさりのうまみとキムチが好相性！

1人分 163kcal / 糖質5.4g

あさりと夏野菜の キムチレンジ蒸し

 ビールテイスト チューハイ・サワー

《 材料／2人分 》

あさり（砂抜きしたもの）
　… 200g
白菜キムチ … 80g
木綿豆腐 … 1/2丁(150g)
ミニトマト … 10個(100g)
にら … 3本
酒・ごま油 … 各大さじ1
しょうゆ … 大さじ1/2

《 作り方 》

1. あさりは殻と殻をこすり合わせて洗い、水気をきる。豆腐は一口大にちぎる。にらは長さ3cmに切る。白菜キムチは食べやすく切る。

2. 耐熱皿に豆腐、キムチ、あさりを広げて入れ、ミニトマト、にらを散らす。酒、ごま油をかけ、ラップをふんわりとかけ、電子レンジで7〜8分加熱する。しょうゆをかけて混ぜ合わせ、器に盛る。

バル系・洋風おつまみ

ハーブを使ったマリネやサラダのような軽やかな一皿から肉のグリルやグラタンのようなしっかりしたメインまで。自分好みのフルコースが楽しめます。

おつまみはもちろん、
副菜としても大活躍。

1人分 146kcal / 糖質15.2g　※付け合わせは含まれません

3色ピーマンのトマト煮

ビールテイスト　白ワイン

《 材料／作りやすい分量 》

パプリカ（赤・黄）… 各1個
ピーマン … 2個
玉ねぎ … 1/2個（100g）
トマト水煮缶（カットタイプ）
　… 1カップ
オリーブ油 … 大さじ1
にんにく（薄切り）… 1かけ分
赤唐辛子（種を取る）… 1本分
ローリエ … 1枚
水 … 大さじ3
塩 … 小さじ1/2
付け合わせ
　バゲット・ベビーリーフ
　　… 各適量

《 作り方 》

1. パプリカ、ピーマンは縦半分に切って種を取り、横に幅5mmに切る。玉ねぎは繊維を切るように横に薄切にする。

2. フライパンにオリーブ油を中火で熱し、にんにく、赤唐辛子、ローリエ、玉ねぎを炒める。玉ねぎが透き通ってきたらパプリカ、ピーマンを加えて炒め、水と塩を加えてふたをして、弱火で5分ほど蒸し煮にする。

3. トマトの水煮を加えて混ぜ、中火で汁気が少なくなるまで炒め煮にする。皿に盛り、バゲット、ベビーリーフを添える。

※清潔な容器に入れて冷蔵庫に保存すれば、5日間ほど保存できる。

POINT
トマトの水煮を加えたら、汁気がなくなるまで煮て、パプリカの甘みやトマトのうまみを凝縮させましょう。

見た目はもちろん気分もおしゃれに！ 友人を招待した際に作りたい逸品。

キャンプや
ピクニックで作っても
盛り上がる!

1人分 396kcal / 糖質 16.5g

たことカマンベールの
アヒージョ

チューハイ・サワー　赤ワイン

《 材料 /2~3人分 》

ゆでだこ … 100g
カマンベールチーズ … 1個
にんにく … 1/2個
塩 … 小さじ1/4
赤唐辛子(小口切り) … 1本分
オリーブ油 … 1/3カップ
付け合わせ
　バゲット … 適量

《 作り方 》

1. ゆでだこは粗く刻み、塩をもみ込む。にんにくはたたいて、粗くつぶす。カマンベールチーズは6等分に切る。

2. スキレットにゆでだこ、にんにく、赤唐辛子を入れて混ぜる。中央を空けて、オリーブ油を注ぎ入れる。中火にかけ、2分ほど煮る。

3. 真ん中にカマンベールチーズを入れ、弱めの中火でさらに1分煮る。バゲットを切って添え、つけながら食べる。

オーブンで焼くと野菜のうまみが凝縮！

1人分 130kcal / 糖質 2.8g

ズッキーニの
ガーリックチーズ焼き

 白ワイン　 スピリッツ&リキュール

《 材料／2〜3人分 》

ズッキーニ … 1本
ミニトマト … 6個
にんにく（みじん切り）… 2かけ分
オリーブ油 … 大さじ2
塩 … 小さじ1/4
黒こしょう … 適量
パルミジャーノレッジャーノ
　（または粉チーズ）… 20g
パセリ（みじん切り）… 適量

《 作り方 》

1. ズッキーニは厚さ1cmの半月切りにする。ミニトマトは縦半分に切る。

2. 耐熱容器にオリーブ油を薄く塗り、ズッキーニとミニトマトを並べる。残りのオリーブ油を回しかけ、塩、黒こしょう、にんにくをまんべんなくふりかけ、パルミジャーノレッジャーノをすりおろしてかける。250℃に温めたオーブンで焼き色がつくまで5分ほど焼く。パセリを散らす。

おなじみのさば缶が
おしゃれに変身！

1人分 370kcal / 糖質13.9g

さばのスパイシー揚げボール

ビールテイスト

チューハイ・サワー

《 材料 ／2人分 》

さばの水煮（缶詰）… 1缶（200g）
玉ねぎ … 1/4個（50g）

A
- パン粉 … 1/2カップ
- 卵 … 1個
- パセリ（みじん切り）… 大さじ1
- カレー粉 … 小さじ1/2
- 塩 … 小さじ1/4
- こしょう … 少々

薄力粉・オリーブ油 … 各適量

付け合わせ
レモン（くし形切り）… 2切れ

《 作り方 》

1. さばの水煮は缶汁をきってボウルに入れ、フォークなどでしっかりほぐす。

2. 玉ねぎはみじん切りにして **1** のボウルに加え、**A** も加えてよく混ぜ合わせる。8等分にして丸め、薄力粉をまぶす。

3. フライパンにオリーブ油を深さ1cmくらいまで入れ170℃に熱する。**2** を入れ、ときどき転がしながら全体がこんがりするまで揚げ、取り出して油をきる。器に盛り、レモンを添える。

POINT

さばの水煮に玉ねぎ、パセリ、カレー粉を加え、卵でまとめます。ハーブとスパイスで風味アップ！

「SORACHI 1984」ブリューイングデザイナー 新井さんのおすすめ

魚やエスニック系の料理と相性抜群の「SORACHI 1984」と一緒に食べれば、より一層味わいの余韻を楽しめる！

緑色の
グラデーションが
美しい！

1人分 165kcal / 糖質 10.9g

エメラルドサラダ

ビールテイスト　白ワイン

《 材料 /2人分 》

そら豆（さやを取り除いて）
　… 100g
スナップえんどう … 100g
グリーンアスパラガス … 4本
パルミジャーノレッジャーノ
　（または粉チーズ）… 適量
ドレッシング
　玉ねぎ（みじん切りにして水に
　　5分さらす）… 1/4個（50g）
　オリーブ油 … 大さじ1
　白ワインビネガー
　　… 大さじ1/2

《 作り方 》

1. そら豆は薄皮をむく。スナップえんどうはヘタと筋を取ってさやを開く。アスパラガスは茎のかたい部分の皮をむき、幅1cmの斜め切りにする。

2. 鍋に湯を沸かし、塩（分量外・湯の量の0.5%）を加える。そら豆、スナップえんどう、アスパラガスを入れて2〜3分ほどゆで、ざるに上げて粗熱をとる。

3. ドレッシングを作る。玉ねぎの水気をしっかりきってボウルに入れ、オリーブ油、白ワインビネガーを加えて混ぜ合わせる。**2** を加えてあえて器に盛り、パルミジャーノレッジャーノをすりおろしてかける。

1人分 143kcal / 糖質 11.3g

キャベツとしらすの
レモンサラダ

チューハイ・サワー　白ワイン

《 材料 / 2人分 》

キャベツ … 2〜3枚
カットわかめ（乾燥）… 大さじ1
レモン … 1/5個
しらす干し … 大さじ3
アンチョビ（フィレ）… 4枚
A ┌ レモン果汁 … 大さじ1
　 │ 砂糖 … 小さじ1
　 └ 塩 … 小さじ1/4
オリーブ油 … 大さじ1
付け合わせ
　バゲット … 適量

《 作り方 》

1. キャベツは食べやすい大きさにちぎる。わかめは水で戻して水気をきる。レモンは薄いいちょう切りにする。アンチョビは粗みじん切りにする。

2. ボウルにキャベツ、わかめ、レモン、しらす干しを入れて混ぜ合わせ、**A** をからめて器に盛る。

3. フライパンにアンチョビとオリーブ油を入れて中火で炒める。ふつふつと煮立ってきたら、熱いうちに **2** にかける。バゲットを添える。

オレンジマーマレードを入れて香りよく!

キャロットラペ

1人分 142kcal / 糖質13.8g

《 材料 /4人分 》

にんじん … 2本
くるみ(乾炒りして刻んだもの)
　… 大さじ2
レーズン … 大さじ1
塩 … 小さじ1
ドレッシング
│ オリーブ油・オレンジ
│ 　マーマレード … 各大さじ2
│ レモン果汁 … 大さじ1
│ 黒こしょう … 少々
パセリ(みじん切り) … 適量

《 作り方 》

1. にんじんはスライサーでせん切りにし、ボウルに入れて塩をふってもみ込む。しんなりしたら水気を絞る。

2. ボウルにドレッシングの材料を入れてよく混ぜ、くるみ、レーズン、にんじんを加えてあえる。味見をして、足りなければ塩少々(分量外)を加える。器に盛ってパセリを散らす。

YEBISU BREWERY TOKYO
醸造責任者有友さんのおすすめ

さっぱりとした酸味が食欲をそそり、くるみの香ばしさとにんじんの甘みが「ヱビスビール」の豊かな味わいを引き立てる!

ハムの塩気とうまみが味のアクセントに。

1人分 106kcal / 糖質5.0g

キャベツのコールスロー

 ビールテイスト 白ワイン

《 材料 / 2人分 》

キャベツ … 200g
ハム … 4枚
塩 … 小さじ1/2
砂糖 … 小さじ1
A [マヨネーズ … 大さじ1と1/2
    こしょう … 少々]

《 作り方 》

1 キャベツは粗いみじん切りにしてボウルに入れ、塩、砂糖を加えて全体を混ぜ、10分ほどおく。ハムは5mm四方に切る。

2 キャベツを絞って水気をしっかりきり、別のボウルに入れる。ハムとAを加えて混ぜ合わせる。

《材料／2人分》

かぼちゃ … 250g
ベーコン … 2枚
ゴルゴンゾーラチーズ
　… 50g
粗挽き黒こしょう
　… 適量
はちみつ … 適量

《作り方》

1. かぼちゃは種とわたを取って厚さ1cmのくし形切りにする。ベーコンは長さ3cmに切る。チーズは1cm角くらいに切る。
2. 耐熱容器にかぼちゃを並べ、ラップをふんわりとかけて電子レンジで4分加熱する。
3. スキレット（または耐熱容器）にかぼちゃを並べ、ベーコンをのせてチーズを散らす。オーブントースター（1000W）で5分ほど焼き、チーズが溶けたらでき上がり。黒こしょうをふり、はちみつをかける。

簡単なのにひと味違う！

かぼちゃと ゴルゴンゾーラの トースター焼き

赤ワイン

1人分 222kcal / 糖質22.9g

《材料／直径5cm1個分/約2人分》

- クリームチーズ … 100g
- サワークリーム … 50g
- A
  - レーズン（みじん切り） … 30g
  - ドライクランベリー・ピスタチオ（ともにみじん切り） … 各20g
- 付け合わせ
  - ベビーリーフ・バゲット（薄切り） … 各適量

《作り方》

1. クリームチーズを常温に戻してボウルに入れ、サワークリームを加えて混ぜ合わせる。ラップで包んで丸くまとめ、冷蔵庫で1時間ほど冷やし固める。

2. Aをボウルに入れる。ラップを外した1をボウルに加えて転がし、Aを表面にはりつける。皿に盛り、ベビーリーフ、バゲットを添える。

人気のおつまみ

バル系・洋風

クリームチーズが
おしゃれに大変身！

フルーツ＆
ナッツチーズボール

1人分 506kcal / 糖質42.8g

ビールテイスト　赤ワイン

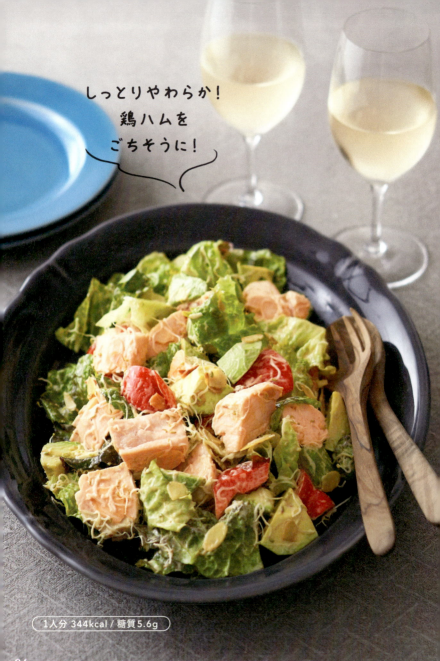

鶏ハムのごちそうサラダ

白ワイン

《 材料／2〜3人分 》

鶏むね肉 … 大1枚(300g)
アボカド … 1個
パプリカ(赤) … 1/2個
スプラウト(好みのもの) … 30g
サニーレタス … 2枚
A ┌ 砂糖 … 小さじ1
　└ 塩 … 小さじ1/2
ローリエ … 1枚
オーロラソース
　マヨネーズ … 大さじ3
　トマトケチャップ … 大さじ1
　TABASCO®ソース … 少々
　塩 … 少々
アーモンド(スライス) … 適量

《 作り方 》

1 鶏肉の厚みのある部分に包丁をねかせて切り込みを入れ、観音開きにして厚みを均一にする。耐熱性のポリ袋に入れ、**A** を加えてもみ込む。ローリエも加えて空気を抜いて閉じ、10〜15分おく。

2 鍋に耐熱の皿を敷いて **1** を入れ、かぶるくらいのたっぷりの水を注ぎ入れて強火にかける。沸騰したら弱火にし、20分ほど、時折上下を返しながら煮る。取り出してボウルに入れた水につけ、しっかりと冷やす。

※調理の際は、ポリ袋の表示を確認し、鍋肌に袋が触れないよう気をつける。

3 アボカドは包丁でぐるりと切り込みを入れ、両手でひねって外し、種を取って皮をむき、角切りにする。パプリカは小さめの乱切りにする。サニーレタスは3cm角くらいにちぎる。スプラウトは根元を切り、サッと洗って水気をきる。鶏肉を袋から取り出し、大きめの一口大に切る。

4 器に全て盛り合わせ、乾炒りしたアーモンドを散らす。オーロラソースをかけ、混ぜ合わせて食べる。

POINT

鶏肉にむらなく火を通すには、厚みを均一にしておくことが大事。包丁をねかせて切り込みを入れます。

サッポロビール公式
ファンコミュニティ担当
わかさんのおすすめ

実は簡単に作れちゃう鶏ハム！ 食べたい、でも、身体も気にかけたい。そんな時におすすめのおつまみ♪

1人分 100kcal / 糖質8.3g

5分で作れるおしゃれな一品。

パイナップルと帆立の ピリ辛ミントマリネ

ロゼワイン　ビールテイスト　スパークリングワイン

《 材料 ／2人分 》

帆立貝柱（刺身用）… 100g
パイナップル … 100g
A ┌ レモン果汁 … 小さじ1
　│ 塩・一味唐辛子
　└ 　… 各小さじ1/4
スペアミント・オリーブ油
　… 各適量

《 作り方 》

1. パイナップルは食べやすい大きさの薄切りにする。帆立貝柱は厚みを半分に切る。
2. ボウルにパイナップルを入れ、Aを加えて混ぜ、少ししんなりするまでおく。帆立貝柱を加え、ちぎったミント、オリーブ油を加えてあえる。

サラダやパスタに入れてもおいしい！

1人分 1097kcal / 糖質0.7g

さんまの ガーリックオイル煮

ビールテイスト　白ワイン

《 材料／4人分 》

さんま … 4尾
にんにく … 2かけ
赤唐辛子 … 2本
塩 … 小さじ1/2
サラダ油・オリーブ油
　… 各1カップ
パセリ（みじん切り）
　… 大さじ2
付け合わせ
　バゲット … 適量

※清潔な容器に入れて冷蔵庫に保存すれば、1週間ほど保存できる。

《 作り方 》

1. さんまは頭と尾を切り落として内臓を取り出し（新鮮であれば内臓はそのままでもOK）、長さを3等分に切る。全体に塩をふって15分おき、水気を拭く。にんにくは半分に切る。赤唐辛子は半分にちぎって、種を除く。

2. フライパンにさんまを並べ、サラダ油、にんにく、赤唐辛子を入れる。上からオリーブ油を加えて中火にかけ、あまりぐらぐらしない程度の火加減で10分ほど煮る（途中でそっと上下を返す）。

3. パセリを加えて火を止め、そのまま冷ます。再び火にかけ、10〜20分ほど煮て火を止め、冷ます。

サーモンとりんごのカルパッチョ アボカドソース

ビールテイスト　白ワイン　ロゼワイン

《 材料／2～3人分 》

サーモン（刺身用）… 200g
りんご … 1/2個
玉ねぎ … 1/2個（100g）
アボカド … 1/2個
塩・こしょう … 各少々
A ┌ オリーブ油・レモン果汁 … 各大さじ1/2
　├ 塩 … 小さじ1/4
　└ こしょう … 少々

《 作り方 》

1. 玉ねぎは横に薄切りにし、水に数分さらしてから水気をしっかりきる。りんごは芯を取り、皮ごと薄いくし形切りにし、さらに横半分に切って水にさらす。サーモンはりんごよりも少し厚めのそぎ切りにする。

2. アボカドは種と皮を取り除いてポリ袋に入れる。Aを加えて袋の口を閉じ、手でもんでなめらかなペースト状のソースにする。ソースをポリ袋の端に寄せ、先をはさみで切る。器に玉ねぎを敷き、水気をきったりんごとサーモンを交互に並べ、アボカドソースをポリ袋から絞ってかけ、塩、こしょうをふる。

鯛と帆立のセビーチェ

白ワイン

《 材料／2人分 》

鯛（刺身用さく） … 150g
帆立貝柱（刺身用） … 100g
トマト … 1個（150g）
しし唐辛子 … 4本
玉ねぎ … 1/4個（50g）
塩・砂糖 … 各少々
A ┌ レモン果汁 … 大さじ1
　└ 塩 … 小さじ1/2

《 作り方 》

1. トマトは半分に切り、種を取って5mm角に切る。しし唐辛子はヘタを取り、薄い輪切りにする。玉ねぎはみじん切りにし、塩、砂糖をふってしっかりもみ、しんなりしたら水で洗って水気を絞る。

2. 鯛は一口大のそぎ切りにする。帆立貝柱は半分の厚さに切る。

3. ボウルに全ての具材を入れ、Aを加えてあえる。冷蔵庫に10分以上入れて味をなじませる。

にんにくの風味とほどよい塩気でとまらないおいしさ！

1人分 631kcal / 糖質32.4g

パンプキンオムレツ

 ビールテイスト 赤ワイン

《 材料／4人分 》

かぼちゃ … 400g
卵 … 5個
にんにく（薄切り）
　… 2かけ分
オリーブ油 … 大さじ5
塩 … 小さじ1/2

《 作り方 》

1. かぼちゃは皮をところどころむき、厚さ8mmくらいのいちょう切りにする。フライパン（直径24cm）にオリーブ油を中火で熱し、かぼちゃを炒める。かぼちゃの周りが透き通ってきたらにんにくを加え、しっかり炒め合わせる。

2. 全体に火が通ったらボウルに取り出し、油はフライパンに戻す。ボウルのかぼちゃに塩を加えて混ぜ、卵を割り入れてほぐしながら混ぜ合わせる。

3. フライパンを再び中火にかけ、2を流し入れる。混ぜながら焼き、底が固まってきたらふたをして半熟になるまで蒸し焼きにし、皿にすべらせるようにして移す。フライパンを軽く拭き、オムレツにかぶせて皿ごとひっくり返し、中火で裏側にも焼き色がつくまで焼く。器に盛り、食べやすく切る。

ヱビスブランド担当 沖井さんのおすすめ

少し甘みのある「ヱビスビール」の豊かなコクが、かぼちゃの甘みとマリアージュ！

マスタード+レモン風味でかきが極上の味わいに。

1人分 108kcal / 糖質 9.8g

かきとねぎのレモン蒸し

白ワイン

《 材料／2人分 》

かき（加熱用）… 200g
ねぎ … 1本
レモン … 1/2個
塩 … 小さじ1/4
こしょう … 少々
ディジョンマスタード
　（またはフレンチマスタード）・
白ワイン … 各大さじ1
パセリ（みじん切り）… 適量

《 作り方 》

1. かきはボウルに入れ、塩適量（分量外）をまぶし、さらに片栗粉適量（分量外）をふって、つぶさないようにまぶす。水（分量外）を加えてよく洗い、水気を拭く。ねぎは幅1cmに切る。レモンは薄い輪切りにする。

2. 別のボウルにかきを入れ、塩、こしょう、マスタードを加えてからめる。

3. 耐熱容器にオリーブ油少々（分量外）を塗り、ねぎを敷く。2のかきを並べ入れ、上にレモンをのせる。白ワインをふり、オーブン用シートを落としぶたにし、電子レンジで8分加熱する。パセリを散らす。

豚肉とあさり ダブルのうまみで 後をひく味に!

1人分 405kcal / 糖質5.3g

豚肉とあさりの蒸し焼き

ビールテイスト

赤ワイン

《 材料／4人分 》

豚肩ロースかたまり肉 … 400g
あさり（砂抜きしたもの） … 200g
ピーマン … 1個
パプリカ（赤） … 1/2個
玉ねぎ … 1/2個（100g）
香菜 … 1株
レモン … 1個
A ┌ にんにく（すりおろし）
　│　　… 小さじ1
　│ 白ワイン … 1/2カップ
　│ TABASCO®ソース … 大さじ1
　│ 塩 … 小さじ1/4
　└ 黒こしょう … 少々
オリーブ油 … 大さじ4
にんにく（みじん切り）
　　… 1かけ分

《 作り方 》

1 豚肉は2cm角に切ってボウルに入れ、Aを加えてもみ込み、15分以上おく。ピーマン、パプリカは縦半分に切って種を取り、横に幅5mmに切る。玉ねぎはみじん切りにする。香菜はざく切りにする。レモンはくし形切りにする。

2 スキレット（またはフライパン）にオリーブ油大さじ2を中火で熱し、玉ねぎ、にんにくを炒める。しんなりしたら端に寄せ、空いたところに残りのオリーブ油を入れて汁気をきった豚肉を入れて焼く（漬け汁は残しておく）。

3 肉に焼き色がついたらあさり、ピーマン、パプリカを加えてサッと炒め合わせ、豚肉の漬け汁を加える。ひと煮立ちしたらふたをし、弱火で10分蒸す。火を止め、レモンと香菜をのせる。

POINT

香味野菜をしっかり炒めて香りを出してから、豚肉を加えて焼きつけます。

> 日本ビール検定1級をもち
> ビール審査員も務める
> 楯さんのおすすめ

レモンっぽい柑橘香のある「SORACHI 1984」は豚肉に合うのはもちろん、魚介との相性も抜群なので、あさりのうまみも引き立てる！

ラム肉は、フムスや
パセリソースを添えて
エキゾチックに。

1人分 988kcal / 糖質34.0g

ラムチョップのカツレツ フムス＆パセリソース

 ビールテイスト 赤ワイン

《 材料 ／2人分 》

ラムチョップ … 4本
塩 … 少々
マスタード … 大さじ1と1/2〜2
パン粉 … 1カップ
オリーブ油 … 大さじ3〜4
パセリソース
　パセリ（みじん切り） … 大さじ1
　にんにく（すりおろし） … 少々
　オリーブ油 … 大さじ2
　粉チーズ … 大さじ1/2
　塩 … 少々
フムス
　ひよこ豆（缶詰） … 230g
　ひよこ豆の缶汁 … 1/4カップ
　にんにく（すりおろし） … 1かけ分
　白ねりごま … 大さじ2
　レモン果汁・オリーブ油
　　… 各大さじ1
付け合わせ
　クレソン・レモン（半月形切り）
　　… 各適量

《 作り方 》

1 パセリソースの材料を混ぜ合わせ、器に入れる。フムスの材料を全てフードプロセッサーに入れ、ペースト状に攪拌する。器に入れて、オリーブ油適量（分量外）をかける。

2 ラムチョップは脂肪と赤身の間の筋を包丁の先で数カ所切り、ラップをかぶせてめん棒でたたいて、厚さ8㎜くらいにのばす。塩をふり、マスタードを塗る。パン粉を細かくし、ラムチョップにまぶす。

3 フライパンにオリーブ油を中火で熱し、ラムチョップを並べる。強めの中火で2分焼き、上下を返してさらに1分焼いて取り出し、2分ほど休ませる。器に盛ってクレソン、レモン、フムス、パセリソースを添える。

YEBISU BREWERY TOKYO 醸造責任者有友さんのおすすめ

ラムのうまみとスパイシーな味わいも、「ヱビスビール」の深みのあるコクがしっかりと受けて止めてくれる！

POINT

パン粉をざるなどでこして細かくすると、肉にきれいにつき、口当たりもよくなります。

バルサミコソースで深い味わいに!

1人分 668kcal / 糖質 13.7g

牛肉のタリアータ

ビールテイスト　赤ワイン

《 材料 /2人分 》

牛サーロイン肉
　… 250〜300g
ルッコラ … 30g
パルミジャーノ
　レッジャーノ … 15g
塩 … 小さじ1/3
オリーブ油 … 大さじ3
バルサミコソース
　バルサミコ酢
　　… 大さじ3
　はちみつ … 大さじ1
　塩・こしょう … 各少々

《 作り方 》

1. 牛肉は冷蔵庫から出して30分以上おいて常温に戻す。脂肪と赤身の間に切り込みを入れ、塩をふる。フライパンにオリーブ油と牛肉を入れてふたをし、強火で1分蒸し焼きにする。上下を返して再びふたをし、さらに1分蒸し焼きにする。

2. 長さ30cmに切ったアルミホイルを2枚重ねて広げ、中央に牛肉をのせて、フライパンに残った油をかけてから全体を包み、3分おく。

3. バルサミコソースを作る。フライパンにバルサミコ酢とはちみつを入れて中火にかけ、とろみが出るまで煮詰めて塩、こしょうを加える。

4. アルミホイルから牛肉を取り出して薄くそぎ切りにし、皿に並べる。ルッコラの葉をつんで添え、パルミジャーノレッジャーノをピーラーで大きく削り、ルッコラに散らす。全体にバルサミコソースをかける。

冷凍パイシートで手軽に前菜を。

1人分 532kcal / 糖質25.7g

ビールテイスト　白ワイン

オープンパイのシーザーサラダ

《 材料／2人分 》

冷凍パイシート … 1枚
サラダほうれん草
　… 30〜40g
ベーコン … 4枚
温泉卵 … 1個
ドレッシング
　マヨネーズ … 大さじ2
　粉チーズ・牛乳・
　　オリーブ油 … 各大さじ1/2
　酢 … 小さじ1
　砂糖 … 小さじ1/3
　塩 … 小さじ1/4
粉チーズ … 少々
粗挽き黒こしょう … 少々

《 作り方 》

1 ベーコンは長さを3等分に切る。フライパンを中火にかけ、ベーコンを広げて両面をサッと焼く。ほうれん草は長さ4cmに切って水にさらし、水気をしっかりきる。ドレッシングの材料を混ぜ合わせておく。

2 パイシートを少し解凍し、めん棒で軽くのばす。フォークで表面全体に穴をあけ、4辺をそれぞれ1cm内側に折りたたむ。天板にオーブン用シートを敷いてパイシートをのせ、200℃に予熱したオーブンで15分ほど焼く。

3 パイ生地を取り出し、折りたたんでいない部分をフォークで少しつぶしてくぼみを作る。器にのせ、ほうれん草、ベーコンを盛って温泉卵をのせる。ドレッシングをかけ、粉チーズ、粗挽き黒こしょうをふる。

サクッと軽やか、つまんで食べられるチーズパイ。

1個分 155kcal / 糖質 12.0g

ロゼワイン　スパークリングワイン

黒こしょう風味のチーズパイ

《 材料 /12個分 》

冷凍パイシート … 3枚
カッテージチーズ … 100g
溶き卵 … 1個分
塩・粗挽き黒こしょう
　… 各小さじ1/4
粉チーズ・パセリ
　（みじん切り）… 各適量

《 作り方 》

1. カッテージチーズ、溶き卵大さじ2、塩、粗挽き黒こしょうを混ぜ合わせる。

2. パイシートを包丁で正方形（約10cm四方）に切り、四方の角から中心に向かって長さ3cmくらいの切り込みを入れる。

3. 天板にオーブン用シートを敷き、**2**のパイシートを並べ、**1**を中央に等分ずつのせる。角から中央に向かい風車の形になるようパイシートを折りたたむ（写真）。表面に残りの溶き卵を適量塗り、粉チーズをふる。180℃に予熱したオーブンで15分焼き、パセリを散らす。

※数回に分けて焼く場合は、焼いている間、残りの生地は冷蔵庫に入れておく。

表面はサクサクッ！中はとろ〜リクリーミー！

1人分 344kcal / 糖質 19.7g

白ワイン　スパークリングワイン

ほうれん草のオーブン焼き

《 材料 /2人分 》

ほうれん草 … 200g
玉ねぎ … 1/2個(100g)
にんにく(みじん切り)
　… 1かけ分
バター … 30g
塩 … 小さじ1/4
こしょう … 少々
薄力粉・パン粉
　… 各大さじ2
牛乳 … 1と1/2カップ
パルミジャーノレッジャーノ
　(または粉チーズ) … 30g

《 作り方 》

1. ほうれん草は熱湯でサッとゆで、水にさらして水気を絞り、みじん切りにする。玉ねぎもみじん切りにする。パン粉は手でもんで細かくする。

2. フライパンにバターを中火で溶かし、玉ねぎ、にんにくを加えてしんなりするまで炒める。ほうれん草も加えて炒め合わせ、塩、こしょう、薄力粉を加えて粉っぽさがなくなるまで炒める。牛乳を加え、とろみがつくまで混ぜながら煮る。

3. 耐熱容器にバター少々(分量外)を塗り、2を入れる。パルミジャーノレッジャーノをすりおろしてかけ、パン粉をかける。予熱したオーブントースター(1000W)で5〜10分、表面がこんがりするまで焼く。

リッチで濃厚なソースがおいしい！

1人分 717kcal / 糖質 25.5g

かぼちゃときのこの クリームチーズグラタン

赤ワイン

《 材料 / 2人分 》

かぼちゃ … 200g
しめじ … 1袋
エリンギ … 1パック
バター … 10g
チーズソース
　クリームチーズ … 100g
　生クリーム … 1カップ
　白ワイン … 大さじ1
　塩 … 小さじ1/4
　こしょう … 少々

《 作り方 》

1. かぼちゃは幅1cmのくし形切りにする。しめじは石づきを落として小房に分ける。エリンギは半分の長さに切り、縦4〜6等分に切る。耐熱容器にかぼちゃを並べ、しめじ、エリンギとバターをのせ、ラップをふんわりかけて電子レンジで3〜4分加熱する。

2. チーズソースを作る。フライパンに、塩、こしょう以外の材料を入れて中火にかけ、へらで混ぜながらクリームチーズを溶かす。軽くとろみがついたら、塩、こしょうを加える。

3. 耐熱容器に 1 を入れ、2 のチーズソースをかける。予熱したオーブントースター（1000W）で表面に焼き色がつくまで焼く。

エスニック系おつまみ

ナンプラーの風味や香菜の香りがたっぷり！
東南アジアの料理は、ビールだけでなく、
ロゼワインやチューハイにも合うんですよ。

えびと春雨の煮込み

花椒の香りが華やか！うまみもたっぷり。

1人分 296kcal / 糖質 26.1g

《 材料／4人分 》

えび（大／ブラックタイガーなど）… 8尾
豚バラ薄切り肉 … 100g
春雨（乾燥）… 100g
にんにく … 4かけ
しょうが … 2かけ
小ねぎ … 8本
サラダ油 … 大さじ2
A ┌ 水 … 1カップ
　│ 砂糖・ナンプラー・
　│ 　オイスターソース
　│ 　　… 各大さじ1
　└ 花椒* … 小さじ1/2

＊花椒がなければ、黒粒こしょうをつぶしたものでもよい。

《 作り方 》

1. 春雨はしんなりする程度に水に浸し（完全に戻さなくてよい）、食べやすい長さに切る。えびは尾を残して殻をむき、背に切り目を入れて背わたを取る。豚肉は幅1cmに切る。にんにくは半分に切って芯を取り、しょうがは皮ごと薄切りにする。小ねぎは長さ5cmに切る。

2. フライパンにサラダ油、豚肉、にんにく、しょうがを入れて中火にかけて炒める。香りが出てきたらえびを加えてサッと炒める。

3. Aと1の春雨を加え、ふたをして10分ほど中火で煮る。春雨がやわらかくなり、水分がなくなってきたら小ねぎを加えて混ぜ、火を止める。

フワッとした食感で、揚げたてが最高!

1人分 304kcal / 糖質 12.0g

タイ風ピリ辛さつま揚げ

 ビールテイスト   ウイスキー

《 材料 ／2〜3人分・約12個分 》

生たら(切り身)
　… 3切れ(約300g)
さやいんげん … 4本
A ┌ 卵 … 1個
　├ 薄力粉 … 大さじ3
　├ レッドカレーペースト
　│　… 15g
　├ ナンプラー・砂糖
　└　… 各小さじ1
サラダ油 … 大さじ4
スイートチリソース … 適量

《 作り方 》

1. たらは皮と骨を取り除き、包丁でおおまかに切り、たたいてミンチ状にする。さやいんげんは小口切りにする。

2. ボウルに **1** と **A** を入れ、粘りが出るまでしっかり練る。

3. フライパンにサラダ油を入れて中火にかける。油がまだ冷たいうちに **2** の生地を2本のスプーンで一口大にまとめて落とし入れる。3分ほどしたら上下を返し、さらに2分ほど、火が通るまで揚げ焼きにする。器に盛り、スイートチリソースを添える。

ベトナム風お好み焼き
バインセオ

ココナッツミルクの
香りがポイント。

1人分 444kcal / 糖質32.8g

《 材料 ／4人分 》

豚バラ薄切り肉 … 100g
むきえび … 200g
もやし … 200g
生地
　ココナッツミルク
　　… 1と1/4カップ
　水 … 1/2カップ
　薄力粉 … 1カップ
　米粉 … 1/4カップ
　ターメリック … 小さじ1
　塩 … 小さじ1/4
サラダ油 … 適宜
塩・こしょう … 各少々
たれ
　にんにく（みじん切り）
　　… 小さじ1/2
　ナンプラー・レモン果汁・水
　　… 各大さじ2
　砂糖 … 大さじ1
付け合わせ
　サニーレタス・青じそ … 各8枚
　香菜（ざく切り）… 適量

《 作り方 》

1 えびは背に切り目を入れ、背わたがあれば取る。豚肉は食べやすい大きさに切る。もやしは洗って水気をきっておく。生地の材料を混ぜ合わせる。

2 フライパンにサラダ油小さじ1を入れて中火にかけ、えびを並べ、豚肉も広げて並べる。えびと豚肉の色が変わってきたら炒め合わせて塩、こしょうをふり、いったん取り出す。

3 フライパンを拭いてサラダ油少々を中火で熱し、生地の1/4量を流し入れ、全体に広げる。表面が乾いてきたら、手前半分にもやし、**2**のえび、豚肉を各1/4量ずつのせてふたをし、弱火にして、生地の縁に焼き色がつくまで2分ほど焼く。

4 サラダ油小さじ1を鍋肌から回し入れ、生地が浮いてきたら2つに折りたたんで取り出す。残りも同様に焼く。器に盛り、付け合わせと混ぜ合わせたたれを添える。バインセオを切り分け、野菜で包んでたれにつけて食べる。

POINT
鍋肌から油を回し入れると、生地の端がカリッと焼けて香ばしくなります。

東南アジアのサテを
ヒントにした串焼きです。

豚肉のピーナッツバター串焼き

ビールテイスト / ウイスキー

1人分 420kcal / 糖質 4.4g

《 材料 / 2人分 》

豚肩ロース薄切り肉 … 8枚(250g)
A ┬ ヨーグルト … 大さじ1
　├ カレー粉 … 小さじ1/3
　└ 塩・砂糖 … 各小さじ1/4

ピーナッツソース
　ピーナッツバター
　　… 大さじ1と1/2
　にんにく(すりおろし)
　　… 1/2かけ分
　しょうゆ・ごま油
　　… 各大さじ1/2
　レモン果汁・酒 … 各小さじ1

付け合わせ
　レモン・香菜 … 各適量

《 作り方 》

1. ボウルに豚肉とAを入れてもみ込み、5分ほどおく。豚肉1枚(1/8量)を手で細長くまとめ、竹串を刺してぎゅっと握り、形をととのえる。残りも同様にして全部で8本作る。ピーナッツソースの材料を混ぜ合わせる。

2. オーブントースターの天板にオーブン用シートを敷き、1を並べ、オーブントースター(1000W)で10〜15分ほど焼く。途中焦げそうになったらアルミホイルをかぶせる。

3. 2に火が通ったら、等分にピーナッツソースを塗り、焼き目がつくまで焼く。器に盛り、レモン、香菜を添える。

焼き餅とひき肉の タイ風サラダ

餅の新しい おいしさを発見!

1人分 156kcal / 糖質17.4g

《 材料 /4人分 》

切り餅 … 2個
豚ひき肉 … 150g
玉ねぎ … 1/2個(100g)
香菜 … 2～3株
ミニトマト … 6個
サラダ油 … 適量
サニーレタス … 2枚

A ┌ ナンプラー・レモン果汁
  │   … 各大さじ1
  │ 砂糖 … 小さじ2
  └ 一味唐辛子 … 小さじ1/4

《 作り方 》

1. 餅は1cm角に切る。オーブントースターの網（または天板）にアルミホイルを敷いてサラダ油を塗り、間隔をあけて餅を並べる。軽く焼き色がつくまでオーブントースター（1000W）で5分ほど焼く。

2. 鍋に湯を沸かし、ひき肉を入れてほぐしながらゆでる。肉の色が変わったら、かす揚げやざるなどで取り出して湯をきる。玉ねぎは薄切り、香菜はざく切りにする。ミニトマトは縦4等分に切り、サニーレタスは一口大にちぎる。

3. ボウルに **A** を混ぜ合わせ、ひき肉、玉ねぎ、香菜、ミニトマト、**1** の餅を加えてあえる。サニーレタスを敷いた器に盛る。

しじみのうまみを吸った豆腐も絶品!

1人分 235kcal / 糖質 12.9g

豆腐としじみのエスニック煮

ビールテイスト

《 材料 /2人分 》

しじみ(砂抜きしたもの) … 200g
絹ごし豆腐 … 1丁(300g)
小ねぎ … 3本
香菜 … 1株
ごま油 … 大さじ1
しょうが・にんにく
  (ともにみじん切り)
  … 各1かけ分
A ┌ 水 … 1カップ
  └ 酒・みりん … 各大さじ2
ナンプラー … 大さじ1と1/2
しょうゆ … 大さじ1/2

《 作り方 》

1. しじみは殻と殻をこすり合わせるようにしてよく洗い、水気をきる。豆腐は2cm角に切る。小ねぎ、香菜はそれぞれ長さ3cmに切る。

2. フライパンにごま油を中火で熱し、しょうが、にんにくを香りが出るまで炒める。しじみを加えてサッと炒める。

3. Aを加え、ひと煮立ちしたら豆腐を加えてふたをし、中火で5分ほど煮る。ナンプラー、しょうゆを加えてサッと混ぜ、器に盛って、小ねぎ、香菜をのせる。

揚げなすとワンタンのエスニックサラダ

ロゼワイン

カリカリのワンタンもおいしさの秘訣。

1人分 321kcal / 糖質 15.4g

《 材料／2人分 》

なす … 3個
香菜 … 1株
ワンタンの皮 … 10枚
サラダ油 … 大さじ4

A
- 赤唐辛子（小口切り） … 適量
- 水 … 大さじ1と1/2
- レモン果汁 … 大さじ1/2
- ナンプラー・オイスターソース・しょうゆ … 各小さじ1
- 砂糖 … 小さじ1/4
- 塩 … 少々

《 作り方 》

1. なすは皮を縞目にむき、縦半分に切ってさらに斜め半分に切り、水に5分ほどさらす。香菜は水につけてパリッとさせ、長さ4cmに切って水気をきる。ワンタンの皮は幅5mmに切る。バットに**A**を混ぜ合わせておく。

2. フライパンにサラダ油を中火で熱し、ワンタンの皮を入れる。ときどき返しながら2〜3分揚げ、カリッとしたら取り出す。続けて、なすの水気を拭いて皮目からフライパンに入れ、2分ほど揚げ焼きにして上下を返し、さらに1分揚げ焼きにする。

3. **2**のなすを熱いうちに**A**に入れてからめ、表面にはりつけるようにラップをかけ、5分ほどおく。器に盛り、ワンタンの皮、香菜をのせる。

桜えびの香り、ピーナッツの食感がアクセントに。

1人分 183kcal / 糖質4.3g

蒸し鶏ときゅうりのエスニックサラダ

 ビールテイスト　 チューハイ・サワー　 ロゼワイン

《 材料／2人分 》

鶏ささみ … 3本
香菜 … 1株
きゅうり … 2本
酒・水・ごま油 … 各大さじ1

A ┃ 桜えび・ピーナッツ … 各大さじ1
　 ┃ しょうが(みじん切り) … 1/2かけ分

B ┃ レモン果汁 … 大さじ1
　 ┃ 砂糖 … 小さじ1/2
　 ┃ 塩 … 小さじ1/4

《 作り方 》

1 ささみは耐熱皿に並べ、酒、水をふる。ラップをふんわりとかけて、電子レンジで3分加熱する。そのまま冷まし、粗熱がとれたらおおまかにほぐす。

2 香菜は長さ4cmに切り、きゅうりは斜め薄切りにする。**A**の桜えび、ピーナッツは粗く刻む。

3 フライパンにごま油を中火で熱し、**A**を炒める。香りが出てきたらボウルに入れる。ささみと香菜、きゅうりを加え、**B**も加えてよく混ぜ合わせる。

おつまみになる鍋！

おいしい汁・スープだけでもつまみになるのです。
おまけに具沢山ならいうことなし！
これ一品でお酒がすすむ鍋料理を紹介します。

きりたんぽ鍋

手作りすると楽しい！
もちもちきりたんぽ

1人分 345kcal / 糖質 45.6g

《 材料／4人分 》

温かいごはん … 400g
鶏もも肉 … 1枚(250g)
ごぼう … 1本
まいたけ … 1パック
ねぎ … 2本
せり … 適量

A
- 水 … 3カップ
- しょうゆ … 大さじ2
- みりん・酒 … 各大さじ1
- 鶏ガラスープの素 … 大さじ1/2

《 作り方 》

1. ごはんをボウルに入れ、めん棒などで7割くらいまでつぶす。4等分にして、塩水（分量外）をつけた手で丸め、割り箸1膳に刺して細長くまとめる。まな板の上で転がし、形をととのえる。フライパンに並べて、転がしながら焼き目がつくまで中火で焼いて取り出す。粗熱がとれたら割り箸を抜く。

2. 鶏肉は一口大に切る。ごぼうは皮をこそげ落としてささがきにし、水にさらす。まいたけは小房にほぐし、ねぎは幅1cmの斜め切りにする。せりは長さ4cmに切る。焼いたきりたんぽは斜め半分に切る。

3. 鍋にAを入れて中火にかけ、ひと煮立ちしたら鶏肉を入れる。再び煮立ったらごぼう、まいたけを加えて火が通るまで煮て、ねぎ、きりたんぽを加えて最後にせりを加える。

とろとろ白菜と
シャキシャキ白菜の
中国風鍋

2種類の切り方をした白菜の食感を楽しんで!

1人分 447kcal / 糖質 28.6g

《 材料 /2〜3人分 》

豚バラ薄切り肉 … 200g
白菜 … 1/4個
生しいたけ … 4枚
春雨(乾燥) … 50g
A ┌ 水 … 3カップ
　├ 酒・みりん
　└ 　　…各大さじ4
ごま油・塩・各適量

サッポロビール公式 ファンコミュニティ担当 わかさんのおすすめ

いろいろな食材を一気に楽しめる鍋は、季節を選ばない王道おつまみ★

《 作り方 》

1. 白菜は縦半分に切る。1/2量は葉と芯に切り分け、芯は食べやすい大きさのそぎ切りにし、葉は一口大に切る。残りは繊維を切るようにせん切りにする。しいたけは石づきを取って薄切りにする。春雨は表示時間通りに水で戻し、水気をきって食べやすい大きさに切る。豚肉は長さ5cmに切る。

2. 鍋にAを入れて中火にかけ、煮立ってきたら、そぎ切りにした白菜の芯、豚肉、しいたけを入れて10分ほど煮る。

3. 一口大に切った白菜の葉、春雨を加える。せん切りの白菜の1/2量を加えて3分ほど煮る。器にごま油、塩、煮汁を適量入れ、具をからめて食べる。途中で残りのせん切り白菜を適宜足しながら食べる。

餃子の皮が、もちもちトロリとワンタン風に!

1人分 262kcal / 糖質18.9g

餃子の皮入り鶏肉ときのこの鍋

《 材料 /2〜3人分 》

餃子の皮 … 12枚
鶏もも肉 … 1枚(250g)
生しいたけ … 4枚
えのきだけ … 1/2袋
ねぎ … 1本
にんじん … 1/2本
A ┌ 水 … 3カップ
　├ めんつゆ(3倍濃縮) … 大さじ1
　└ しょうゆ … 小さじ2

《 作り方 》

1. しいたけは石づきを取って薄切りにする。えのきだけは根元を切り落としてほぐす。ねぎは白い部分を幅1cmの斜め切りにし、青い部分を小口切りにする。にんじんは皮をむいて幅1cmの短冊切りにする。鶏肉は一口大に切る。

2. 鍋に A を入れて中火にかけ、煮立ったら鶏肉、にんじん、しいたけ、えのきだけを入れ8割火が通るまで10分ほど煮る。

3. ねぎの白い部分、餃子の皮を加えて5分ほど煮る。仕上げにねぎの青い部分を散らす。

スペアリブとじゃがいもの ピリ辛みそ鍋

食べ応え満点の豪快鍋！

1人分 359kcal / 糖質 9.9g

《 材料 ／3〜4人分 》

スペアリブ … 7〜8本（約500g）
じゃがいも … 2個（200g）
白菜 … 2枚
にら … 1/4わ
ねぎ … 1本
塩 … 小さじ1/2
黒こしょう … 少々
ごま油 … 大さじ1
A ┌ にんにく（すりおろし）
　│　　… 1かけ分
　│ しょうが（すりおろし）
　│　　… 小さじ1/2
　│ みそ・コチュジャン
　│　　… 各大さじ1
　└ 砂糖 … 小さじ1
水 … 3カップ

《 作り方 》

1 スペアリブは数カ所切り込みを入れる。たっぷりの水（分量外）にスペアリブを入れて強火にかける。沸騰したら弱火にし、15分ほどゆでる。ざるに上げ、水で洗って水気をきり、塩、黒こしょうをまぶす。

2 じゃがいもは皮をむいて半分に切り、水に数分さらして水気をきる。白菜は一口大に、にらは長さ4cmに切る。ねぎは幅1cmの斜め切りにする。

3 鍋にごま油を入れて中火で熱し、スペアリブを焼く。全体に焼き色がついたら鍋の端に寄せ、余分な脂を拭き取る。Aを混ぜ合わせて加え、スペアリブにからめる。じゃがいも、水を加えてふたをし、10分ほど煮る。ねぎ、白菜、にらを加え、火が通るまで煮る。

韓国の定番鍋料理のひとつ。ボリューム満点!

プデチゲ

1人分 791kcal / 糖質 38.8g

《 材料／2人分 》

- えのきだけ … 1/2袋
- 小松菜 … 2株
- 木綿豆腐 … 1/2丁(150g)
- ランチョンミート … 1/2缶
- ソーセージ … 4本
- 白菜キムチ … 100g
- インスタントラーメン(麺) … 1個
- ピザ用チーズ … 60g
- A
  - にんにく(すりおろし) … 小さじ2
  - しょうが(すりおろし) … 小さじ1
  - しょうゆ・酒・みりん … 各大さじ1
  - 一味唐辛子 … 小さじ1
- 水 … 3カップ

《 作り方 》

1. えのきだけは根元を切り落としてほぐす。小松菜は長さ5cmに切る。豆腐は一口大、ランチョンミートは食べやすい大きさに切る。ソーセージは3等分の斜め切りにする。白菜キムチは幅1cmに切る。

2. 鍋に具を彩りよく並べ入れる。Aを混ぜ合わせ、鍋の中央にのせて水を注ぎ入れて中火にかける。

3. 具に火が通ったらインスタントラーメンを入れてチーズをのせ、麺に火が通るまで3分ほど煮る。

やっぱり食べたい ごはんもの

しっかり食事をしながら飲みたい人、シメにはごはんが欠かせないという人はこちらをどうぞ！冷や汁からカレーまで、人気のごはんものを揃えました。

具にひと工夫して、
いつもと違う味の
おにぎりに!

しらすと揚げ玉の カレー風味	牛肉とチーズの みそそぼろ	鮭と明太子のそぼろ
125kcal / 糖質19.5g	163kcal / 糖質18.5g	248kcal / 糖質21.3g

※それぞれ1個分の栄養価

ボリューム満点
カラフルおにぎり

 ビールテイスト 焼酎

《 材料 ／作りやすい分量 》

ごはん・塩 … 各適量

鮭と明太子のそぼろ
塩鮭（切り身） … 1切れ
辛子明太子 … 20g

**しらすと揚げ玉の
カレー風味**
揚げ玉 … 10g
しらす干し … 30g
カレー粉 … 少々

**牛肉とチーズの
みそそぼろ**
牛ひき肉 … 50g
みりん … 大さじ1
みそ … 大さじ1/2
プロセスチーズ
　　… 50g
一味唐辛子 … 少々

《 作り方 》

1 鮭と明太子のそぼろを作る。耐熱皿に塩鮭と明太子をのせ、ラップをふんわりとかけて電子レンジで3分加熱する。粗熱がとれたら鮭の皮と骨を外し、ラップはかけずに電子レンジで30秒加熱し、菜箸で鮭と明太子を細かくほぐして混ぜ合わせる。

2 牛肉とチーズのみそそぼろを作る。フライパンにひき肉、みりん、みそを入れて混ぜ合わせ、中火にかける。菜箸でほぐしながら炒め、ひき肉の色が変わったら、プロセスチーズを小さくちぎって加える。一味唐辛子を加えて混ぜ、火を止める。

3 しらすと揚げ玉のカレー風味を作る。ボウルに揚げ玉、しらす、カレー粉を入れてよく混ぜ合わせる。

4 ごはんをにぎって塩少々をまぶし、小さめのおにぎりを6個作り、3種類の具材をお好みでのせる。

焼酎甲類乙類混和むぎ焼酎
こいむぎ担当長島さんのおすすめ

後味がまろやかで、口当たりもよい飲み心地の「こいむぎ」ならどのおにぎりにも相性抜群！

POINT

牛肉とチーズのみそそぼろは、チーズを最後のほうに加え、チーズの形を少し残して仕上げましょう。

深川めし

ビールテイスト

1人分 439kcal / 糖質 83.8g

《 材料 / 2人分 》

米 … 2合
あさり（砂抜きしたもの）
　… 500g
油揚げ … 1枚
ねぎ … 1本
三つ葉（ざく切り）… 適量
酒 … 大さじ1
水 … 1/4カップ
A ┌ しょうゆ … 大さじ1/2
　└ 塩 … 小さじ1/4
B ┌ 水 … 2/3カップ
　│ みそ・みりん
　│ 　… 各大さじ1
　└ 砂糖 … 小さじ1

《 作り方 》

1 鍋にあさりと酒、水を入れてふたをし、中火にかけてあさりの口が開くまで蒸す。粗熱がとれたら、殻から身を外し、蒸し汁は取り分けておく。油揚げは縦半分に切り、さらに幅1cmに切る。ねぎは幅1cmの斜め切りにする。

2 米は洗って水気をきり、炊飯釜に入れる。1のあさりの蒸し汁とAを加える。2合の目盛りまで水（分量外）を入れ、混ぜ合わせて普通に炊く。

3 鍋にBを入れて混ぜ、あさりの身、油揚げ、ねぎを入れて中火にかけ、汁気がなくなるまで煮る。2のごはんを器に盛り、煮たあさりや具材をのせて三つ葉を添える。

焼いたみそとごまの風味が香ばしい。

冷や汁 焼酎

1人分 523kcal / 糖質59.3g

《 材料／2人分 》

ごはん … 茶碗2杯分
木綿豆腐 … 1/2丁(150g)
あじの干物 … 2枚
きゅうり … 1本
みょうが … 1個
青じそ … 2枚
塩 … 少々
みそ・白いりごま・
　白すりごま
　… 各大さじ2
だし汁 … 2カップ

《 作り方 》

1. 豆腐はちぎってペーパータオルの上にのせて水気をきる。あじの干物は魚焼きグリルで焼き、粗熱がとれたら皮と骨を外して身をほぐす。きゅうりは薄い輪切りにし、塩でもむ。みょうがは縦半分に切り、さらにせん切りにする。青じそはちぎる。

2. 木べらにみそを塗りつけ、コンロの直火であぶって表面に焦げ目をつける。

3. ボウルに焼いたみそを入れ、だし汁を加えて溶きのばし、**1**を入れる。白いりごま、白すりごまを加えて混ぜ、冷蔵庫で冷やす。ごはんを軽く洗ってざるに上げ、水気をきって器に盛り、汁をかける。

鶏肉のガパオライス

タイ料理の人気メニュー！

1人分 561kcal / 糖質 60.8g

《 材料 ／2人分 》

温かいごはん … 茶碗2杯分
鶏むね肉 … 1/2枚(100g)
パプリカ(赤) … 1/2個
玉ねぎ … 1/4個(50g)
卵 … 2個
サラダ油 … 大さじ2
にんにく・しょうが
　（ともに粗みじん切り）
　… 各1かけ分
水 … 1/4カップ

A ┌ ナンプラー・オイスター
　　　ソース … 各大さじ1
　│ 砂糖 … 小さじ1/2
　└ 一味唐辛子 … 小さじ1/4

フレッシュバジル … 12枚

《 作り方 》

1 パプリカは横半分に切り、さらに幅1cmの斜め切りにする。玉ねぎは粗みじん切りにする。鶏肉は皮を取って細切りにし、さらに刻んで粗いミンチにする。

2 フライパンにサラダ油を中火で熱し、卵を割り入れる。端が茶色くチリチリに固まってきたら取り出しておく。

3 同じフライパンに玉ねぎ、にんにく、しょうがを入れて炒め、香りが出てきたら鶏肉、パプリカを加えて炒める。鶏肉の色が変わったら水、**A**も加える。全体に味がなじんだらバジル10枚をちぎって加え、サッと混ぜて火を止める。ごはんを器に盛り、ガパオをかけ、目玉焼きをのせる。残りのバジルを1枚ずつのせる。

まいたけとえのきの牛肉カレー

きのこの食感と風味がポイント！

1人分 590kcal / 糖質 74.2g

《 材料／2人分 》

温かいごはん … 茶碗2杯分
牛薄切り肉 … 100g
まいたけ・えのきだけ
　… 各100g
玉ねぎ … 1/2個
サラダ油 … 大さじ1
カレー粉 … 大さじ3と1/2
しょうが（すりおろし）
　… 1かけ分
トマト水煮缶（カットタイプ）
　… 1缶（400g）
コンソメスープの素（顆粒）
　… 小さじ2
バター … 10g
パセリ（みじん切り） … 適量
A［ しょうゆ・酒・みりん
　… 各大さじ1

《 作り方 》

1. まいたけは小房にほぐし、えのきだけは根元を切り落としてほぐす。牛肉は食べやすい大きさに切る。玉ねぎはみじん切りにする。

2. フライパン（または鍋）にサラダ油大さじ1/2を強火で熱し、玉ねぎを5分ほど炒める。途中焦げそうになったら水を大さじ1くらいずつ（分量外）足しながら炒める。カレー粉を加えて炒め合わせ、しょうがを加えてさらに炒める。香りが出たらトマトの水煮、コンソメスープの素を加え、ときどき混ぜながら中火で5分ほど煮る。

3. 別のフライパンにサラダ油大さじ1/2を強火で熱し、まいたけ、えのきだけを2分ほど炒める。牛肉を加えて1分炒め、Aを加えてさらに1分ほど炒める。2に加えて混ぜ、バターを加える。器にごはんを盛ってパセリを散らし、カレーをかける。

スキレットビビンバ

ビール　チューハイ・
テイスト　サワー

《 材料／2人分／
6.5インチのスキレット2個分 》

温かいごはん … 茶碗2杯分
牛切り落とし肉 … 150g
卵 … 2個
にんじん … 1/4本
ほうれん草 … 1/4わ
もやし … 100g

A ┌ にんにく（すりおろし）
　　　… 小さじ1/2
　│ しょうゆ … 大さじ1
　│ 砂糖・サラダ油 … 各小さじ1
　└ 塩 … 小さじ1/4

B ┌ ごま油 … 小さじ3
　└ 塩 … 小さじ1/2

ごま油 … 大さじ1
白いりごま・コチュジャン
　… 各適量

《 作り方 》

1 にんじんは皮をむいてせん切りにする。ほうれん草は長さ4cmに切る。もやしは洗ってざるに上げる（気になる場合はひげ根を取る）。牛肉は細切りにしてボウルに入れ、**A** を加えてもみ込む。

2 鍋に湯を沸かし、もやし、にんじん、ほうれん草の順に別々にゆでてざるに上げ、湯をきる。それぞれに、**B** を1/3量ずつまぶす。

3 1つのスキレットを中火で熱し、牛肉を炒めて取り出す（油は入れなくてよい）。スキレットをきれいに拭いておく。

4 2つのスキレットにそれぞれごま油を塗ってごはんを広げる。**2** の野菜、**3** の牛肉を放射状に並べ、中央に卵を割り入れる。白いりごまをふり、ふた（またはアルミホイル）をかぶせて3〜5分中火にかける。卵の白身が白く固まってきたらでき上がり。コチュジャンをのせ、熱いうちに混ぜて食べる。

POINT

フライパンでも同様に作れます。26cmくらいのフライパンで、2人分をまとめて作りましょう。

レシピサイト担当
杉浦さんのおすすめ

キャンプ飯にも大活躍なスキレット！　香ばしさがビールと相性抜群！

監修
サッポロビール株式会社

1876年(明治9年)北海道札幌に開拓使麦酒醸造所を設立し、翌年に冷製「札幌ビール」を発売。ラベルに描かれた「北極星」はサッポロビール伝統のシンボル。主力商品に「サッポロ生ビール黒ラベル」「ヱビスビール」「グランポレール」などがある。

サッポロビール公式X　サッポロビール公式Instagram　サッポロビール公式レシピサイト

BOOK STAFF

料理／本田ようー
　　　（P6〜13、18、22〜30、32〜35、37〜39、42下、44、46、48、49、52下、54、57、61、64〜68、71、72、76、81、83、84、86〜88、90、96〜99、102、108、110〜112、115、120〜123、125）
ヤミー
　　　（P19、20、36、40〜42上、45、47、50、52上、56、58〜60、62、70、74、77〜80、82、85、89、92〜94、100、101、104〜107、109、114、116〜118、124、126）
デザイン／ohmae-d(高津康二郎)
撮影／岡本真直
スタイリング／阿部まゆこ
編集・ライティング／岡村理恵
校正／麦秋アートセンター
栄養価計算／滝口敦子
編集協力／株式会社コスモ・スペース
　　　（手柴淳、原田侑果、谷道美香）

**サッポロビール
レシピサイト制作スタッフ**

レシピ監修／本田よう一、ヤミー
撮影／岡本真直
スタイリング／阿部まゆこ
ライティング／岡村理恵
制作／株式会社コスモ・スペース
　　　（手柴淳、原田侑果、谷道美香）

*サッポロビールの
晩酌三昧!
乾杯おつまみ*

2024年9月18日　第1刷発行

監修　　　サッポロビール株式会社
発行人　　松井謙介
編集人　　廣瀬有二
企画編集　柏倉友弥
発行所　　株式会社 ワン・パブリッシング
　　　　　〒105-0003
　　　　　東京都港区西新橋2-23-1
印刷所　　大日本印刷株式会社
DTP　　　株式会社グレン

●この本に関する各種お問い合わせ先
本の内容については、下記サイトのお問い合わせフォームよりお願いします。
https://one-publishing.co.jp/contact/
不良品(落丁、乱丁)については業務センター
tel：0570-092555
〒354-0045 埼玉県入間郡三芳町上富279-1
在庫・注文については書店専用受注センター
tel：0570-000346

©Sapporo Breweries

本書の無断転載、複製、複写(コピー)、翻訳を禁じます。
本書を代行業者等の第三者に依頼してスキャンやデジタル化することは、
たとえ個人や家庭内の利用であっても、著作権法上、認められておりません。
ワン・パブリッシングの書籍・雑誌についての新刊情報・詳細情報は、下記をご覧ください。
https://one-publishing.co.jp/